LE COMTE

DE

VERMANDOIS

HISTOIRE DU TEMPS DE LOUIS XIV

— 1683 —

PAR

PAUL LACROIX

(BIBLIOPHILE JACOB)

3

PARIS

ALEXANDRE CADOT, ÉDITEUR

37, rue Serpente.

1856

LE COMTE DE VERMANDOIS

Ouvrages de Paul Duplessis.

Les grands jours d'Auvergne (2 parties). . .	9 vol.
Les Etapes d'un Volontaire (3 parties) . . .	12 vol.
Le Capitaine Bravaduria.	2 vol.
La Sonora	4 vol.
Un monde inconnu	2 vol.

Ouvrages d'Adrien Robert.

Lord (le) de l'Amirauté.	3 vol.
Jean qui pleure et Jean qui rit	2 vol
Le Mauvais Monde.	2 vol.

Ouvrages de George Sand.

Histoire de ma Vie.	20 vol.
Adriani	2 vol.
La Filleule.	4 vol.
Maitres (les) Sonneurs.	4 vol.
Mont-Revêche	4 vol.
François le Champi.	2 vol.

Ouvrages de Gondrecourt.

Le chevalier de Pampelonne	5 vol.
Le baron Lagazette	5 vol.
Mademoiselle de Cardonne.	3 vol.
Les Prétendans de Catherine.	5 vol.
Le Bout de l'oreille	7 vol.
Les Péchés mignons	5 vol.
La Tour de Dago	5 vol.
Un Ami diabolique	3 vol.
Le Légataire	2 vol.
Médine.	2 vol.
La Marquise de Candeuil.	2 vol.
Le dernier des Kerven.	2 vol.

Fontainebleau. — Imp. de E. Jacquin.

LE COMTE

DE

VERMANDOIS

HISTOIRE DU TEMPS DE LOUIS XIV

— 1683 —

PAR

PAUL LACROIX

(BIBLIOPHILE JACOB)

3

PARIS

ALEXANDRE CADOT, ÉDITEUR

37, rue Serpente.

—

1856

V

Les deux frères.

Le comte de Vermandois avait résolu de
se rendre, la nuit même, à l'Ermitage de
la Madeleine, malgré son extrême faiblesse,
malgré tous les obstacles qui s'opposaient
à sa sortie du château.

Il attendit avec anxiété jusqu'à onze heures du soir, pour s'assurer que sa mère ne reviendrait pas de Versailles avant le lendemain matin.

Depuis l'heureuse crise qui l'avait fait sortir de l'espèce de léthargie, mêlée d'accès de démence, où il était resté plongé pendant plus de quinze jours, il semblait avoir repris, avec sa connaissance et sa raison, la pleine possession de ses facultés et de sa santé ordinaires.

Il n'avait pas encore quitté son lit, mais il se sentait capable de se lever.

Son médecin, M. Robin, qui l'avait

laissé, la veille, accablé d'une fièvre ardente accompagnée de délire et de convulsions, fut bien surpris de le trouver presque rétabli dans son état normal, sans fièvre et sans agitation, le visage reposé et l'esprit calme.

— Monseigneur, lui avait dit ce bon vieillard, ce n'est pas la médecine qui fait de ces cures merveilleuses, quoi qu'en pense l'illustre M. Fagon; c'est la Nature, notre mère à tous.

— J'aime mieux croire, lui répondit le prince, sans faire tort à la Nature, que c'est ma véritable mère qui m'a guéri!

La journée s'était passée bien lentement
au gré du convalescent, qui comptait tout
bas les minutes et qui s'informait de
l'heure à chaque instant.

Pour se distraire et pour prendre patience, il interrogeait Moufle sur les moin-
dres particularités des visites que ce fidèle
serviteur avait faites à l'Ermitage.

Celui-ci évitait, dans ses réponses so-
bres et discrètes, de donner de nouveaux
aliments à la préoccupation du prince,
qui avait oublié sa mère, en ce moment,
pour ne songer qu'à mademoiselle de
Chantemerle.

Vers le soir, il parut disposé à s'assou-
pir, car il cessa de parler et ferma les
yeux. Il ne dormait pas encore cependant,
car Moufle, qui le veillait en tenant ses
regards constamment fixés sur lui, vit
deux larmes déborder de ses paupières et
ruisseler le long de ses joues.

— Monseigneur! dit Moufle, en se penchant à l'oreille de son maître : ne souf-
frez-vous pas?

— Non, répondit-il en rouvrant les yeux,
je pensais que le Sort qui m'a fait prince
ne s'intéresse guère à mon bonheur!

— Votre Altesse Royale ne sait pas ce

qui lui est réservé dans l'avenir, répliqua
Moufle, qui avait mal compris le sens de
ce reproche adressé au Sort. Le trône est
placé si près de vous, qu'il ne faudrait,
pour vous y faire monter...

— Le trône ! interrompit le comte de
Vermandois avec impatience : je me soucie
bien peu de ces ambitions ! Je voudrais
être un simple gentilhomme, pour épouser
mademoiselle de Chantemerle !

Moufle n'eut pas l'air de prendre garde
à ce vœu, qui lui sembla bizarre dans la
bouche d'un prince du sang. Il rompit la
conversation, en feignant de croire qu'on
avait gratté à la porte et en allant ouvrir.

Il se trouva face à face avec un officier de la maison du Dauphin, lequel venait, au nom de ce prince, demander des nouvelles du comte de Vermandois.

Ce dernier, d'une voix dolente, fit approcher de son lit l'envoyé du Dauphin, avant que Moufle eût le temps d'éconduire ce personnage, et, s'étant caché la figure sous les draps, comme s'il était près de rendre l'âme, il poussa deux ou trois gémissements, qu'on pouvait mettre sur le compte de la souffrance.

— Je vais bien mal ! dit-il en s'efforçant de ne pas rire. Remerciez monseigneur, de ma part, pour sa bonne et gracieuse

intention. Faites-lui savoir, s'il vous plaît,
que je ne suis pas tout à fait mort.

— Le bruit avait couru pourtant, monseigneur, reprit l'envoyé, que Votre Altesse était en meilleure santé?

— Ce sont les ennemis de M. le Dauphin
qui prétendent que je n'en mourrai pas.

— Monseigneur le Dauphin ne man-
querait pas de venir, si Votre Altesse voulait bien l'y autoriser?

— Dites-lui que je l'en dispense, en lui
sachant un gré infini, toutefois, d'y avoir

songé, et priez-le seulement, en mon nom,
de ne pas oublier de me jeter de l'eau bé-
nite quand je serai mort.

Le gentilhomme s'inclina respectueusement, avec un air de condoléance, et se
retira.

La portière ne fut pas plutôt retombée
sur l'envoyé du Dauphin, que le comte
de Vermandois leva la tête hors de ses
couvertures en éclatant de rire.

— M. le Dauphin s'en va faire cette
nuit de très agréables songes ! dit-il gaî-
ment.

— Ah! monseigneur, reprit Moufle,
avez-vous le courage de donner de telles
inquiétudes aux personnes qui s'infor-
ment de votre état!

— Le Dauphin n'a pas le cœur méchant
pour tout le monde, j'en conviens; mais
il est possédé d'une si furieuse jalousie
contre moi, que la plus grande joie que
je puisse lui faire serait de me laisser mourir le plus vite possible.

— Non, monseigneur. Son Altesse
Royale est trop insouciante de toutes
choses, pour former un désir, ou pour
avoir une idée fixe, bonne ou mauvaise...

— Mordieu! mon ami Moufle, je ne te connaissais pas tant de malice! Tu viens de peindre là le caractère de mon très cher frère, comme si M. de La Bruyère t'avait prêté son pinceau; mais tu peux ajouter au portrait qu'il n'a quasi qu'une seule passion, qui est sa haine pour moi.

— Je veux croire le contraire, monseigneur, pour ne pas lui souhaiter du mal.

— Je lui pardonne volontiers, moi, tout le mal qu'il m'a fait déjà ou qu'il m'a voulu faire, comme si je n'étais né que pour lui disputer ses droits héréditaires à la couronne!

Les nouvelles que l'envoyé du Dauphin
était venu prendre sur les lieux de la part
de son maître, avaient circulé en tout le
château, avant qu'elles eussent été trans-
mises au fils aîné de Louis XIV. On répé-
tait partout que le comte de Vermandois
était retombé plus gravement malade que
les jours précédents.

Son gouverneur, le marquis de Monchevreuil, chargea M. de Périgny d'aller
savoir ce qui en était de cette rechute,
que les médecins n'ayaient pas prévue.

M. de Périgny fut arrêté, à l'entrée de
la chambre du prince, par Mouffle, qui
lui annonça en baissant la voix et en af-

fectant un air de consternation que le malade ne voulait voir personne.

— Mon devoir serait pourtant de ne pas quitter Votre Altesse, dit M. de Périgny, qui parlait assez haut pour se faire entendre du prince.

— Parlez plus bas, monsieur ! répondit Moufle, qui lui barrait le passage. Gardez-vous de l'éveiller !

— Ma place est de rester dans cette chambre, et j'y vais demeurer toute la nuit auprès de Son Altesse...

— Moufle ! cria le prince, qui faisait

semblant de s'éveiller à demi, donne-moi
mon épée, que je chasse l'ennemi qui vou-
drait pénétrer dans mon camp! Qu'on
mette deux huissiers de service à la porte
de mon appartement et qu'on me fasse
seller un cheval!

— Vous voyez bien, monsieur, dit Moufle, que Son Altesse ne veut pas qu'on entre chez elle.

— Je vois plutôt, hélas! que Son Altesse n'a pas sa tête à elle, reprit M. de Périgny.

— Le premier qui s'avisera d'entrer
céans, cria le prince, qui feignit d'avoir le

délire et qui s'agitait dans son lit, j'ordonne qu'il soit pendu haut et court !

— Retirez-vous, monsieur ! dit Moufle,
forçant M. de Périgny à sortir de la chambre. Il faut bien se garder de contredire
en rien Son Altesse, sous peine d'aggra-
ver son mal. Je vous supplie donc de
donner des ordres très sévères pour que
l'on n'approche pas d'ici jusqu'à demain.

M. de Périgny, en se retirant, plaça
deux valets de pied dans l'antichambre,
en leur recommandant de ne laisser approcher personne, sous quelque prétexte
que ce fût. Puis il alla rendre compte à

M. de Monchevreuil de la situation inquiétante du malade.

M. de Monchevreuil fit appeler M. Robin et les autres médecins du château; il les envoya tous ensemble chez le comte de Vermandois.

Mais la porte de l'appartement avait été fermée en dedans par ordre du prince, et Moufle refusa d'ouvrir, en disant que le prince dormait d'un sommeil paisible et bienfaisant.

— Le dormir est la meilleure médecine, dit M. Robin à ses confrères; c'est la Nature qui l'administre toujours en temps nécessaire. Retirons-nous, messieurs, et attendons qu'on nous appelle.

Les lumières et les feux étaient éteints dans le château; le silence régnait au dedans comme au dehors, quand le comte de Vermandois, qui avait paru s'endormir, quoiqu'il fût bien éveillé, sortit brusquement de sa rêverie en entendant sonner minuit.

— Allons, dit-il en écartant les rideaux, il est temps de partir. Habille-moi, Moufle.

— Est-il possible, monseigneur, reprit

le valet de chambre effrayé, que vous
persistiez dans ce fâcheux dessein?

— Si j'y persiste?... Dussé-je en mourir après ; il faut que j'aille voir Louise !

— Mais, monseigneur, vous n'êtes pas
en état de vous exposer à l'air froid et
humide de la nuit, à la fatigue de la
route, à l'émotion de cette visite...

— Habille-moi, te dis-je, et pas de paroles inutiles qui ne changeraient rien à
ma volonté !

— Si ce n'est pour vous, monseigneur,
que ce soit pour moi.

— Je me sens un peu faible, en effet!
dit le prince, qui, descendu de son lit en
chancelant, avait éprouvé un étourdisse-
ment et s'était appuyé à la balustrade de
l'alcôve.

— Je vous conjure, monseigneur de
vous recoucher et de ne pas quitter la
chambre, jusqu'à ce que les forces et la
santé vous soient revenues.

— Mordieu! m'obéira-t-on, monsieur
Moufle? Faut-il que j'appelle quelqu'un
pour m'habiller?

Moufle se tut en soupirant, et il commença, le cœur gros et les yeux mouillés de larmes, à prêter la main à l'habillement de son maître; mais il n'apportait pas dans cet office l'activité et l'adresse qu'il avait l'habitude d'y mettre.

Le comte de Vermandois se soutenait à peine; il avait par intervalles des vertiges, des suffocations, des tremblements et des sueurs froides.

Sa résolution inflexible lui donna le courage et la force de vaincre la nature.

— Si l'on découvre jamais que j'ai pris part à cette imprudence inouïe, disait Moufle, je suis un homme perdu!

— Je crois que je ne suis pas trop capable de faire la route à cheval, disait le prince.

— Je devrais vous désobéir, monseigneur, au risque d'être en butte à votre courroux !

— Je reconnais que je ne saurais pas me tenir en selle ; nous irons donc en carrosse.

— Permettez-moi, monseigneur, d'aller encore seul à la Madeleine aujourd'hui.

— Il faut demander un carrosse, Moufle.

— Mais je ne puis, monseigneur, à cette heure de nuit, faire atteler un carrosse pour Votre Altesse... On pensera que je suis devenu fou, car personne au château n'ignore que Votre Altesse est malade, fort malade...

— Nous donnerons alors nos ordres nous-même... Dépêche, Moufle, et partons !

— Je me jette encore une fois à vos genoux, monseigneur, pour vous supplier...

— Assez, pour Dieu ! cesse de supplier, Moufle, et prête-moi le bras.

— Vous ne songez pas, monseigneur,
que madame la duchesse de La Vallière
peut revenir de Versailles d'un moment
à l'autre?

— Non; elle ne reviendra que demain,
car les routes de traverse ne sont pas pra-
ticables en pleine nuit.

— M. de Monchevreuil n'a qu'à se présenter tout à l'heure à la porte de votre
appartement?

— Il trouvera la porte close, et j'imagine qu'il ne la fera point enfoncer.

— Mais on peut entrer dans cette chambre par les garde-robes?

— Tu fermeras les portes derrière nous et tu emporteras les clés.

— Monseigneur, vous êtes si faible, que vous tomberez évanoui en chemin !

— Je reprends des forces, au contraire, depuis que je suis levé. Je m'appuierai sur toi en marchant.

— C'est qu'il faut marcher longtemps pour gagner les écuries !

— Fallût-il faire la route à pied jusqu'à l'Ermitage, je suis prêt !

Moufle se trouvait à bout d'objections, de prières et de résistance; il cédait en s'accusant de manquer à son devoir, qui lui commandait de résister et de désobéir.

La porte était fermée à double tour et bien verrouillée, du côté de l'anti-chambre et des appartements; le comte de Vermandois, en sortant de sa chambre par la petite porte des garde-robes, fit fermer également cette porte dont Moufle prit la clé.

Moufle avait allumé une lanterne pour

se conduire, dans l'obscurité, à travers les
salles, les galeries, les escaliers et les cours
qu'ils avaient à traverser.

Il marchait en avant afin d'éclairer les
pas mal assurés du prince qui le suivait
en cherchant sans cesse un point d'appui
contre les murs et les meubles.

Ils restaient muets l'un et l'autre, chacun absorbé par des pensées bien diffé-
rentes : le prince impatient d'arriver au
but de cette expédition nocturne, le valet
de chambre souhaitant quelque circonstance imprévue qui viendrait y mettre
obstacle.

Ils n'entendaient autour d'eux que le bruit continu de leur marche, lente et inégale, sur les dalles de marbre, sur les planchers de bois, sur les carreaux de brique, où ils posaient le pied avec précaution.

Toute la partie du château qu'ils avaient à parcourir, était plongée dans les ténèbres et le silence. Il n'y avait nulle part, ni gardiens, ni veilleurs, ni soldats.

En l'absence du roi, on ne faisait des rondes de nuit que dans le château neuf où tous les princes avaient leurs appartements. Partout ailleurs, les portiers et

les surveillants dormaient depuis l'heure
du couvre-feu.

Moufle ne craignait donc pas de trouver
sur son passage quelque officier ou domes-
tique du château; il avait soin pourtant
de choisir un chemin où il neût rencontré
personne, même en plein jour.

Il connaissait des communications se-
crètes qui lui permettaient de passer d'une
galerie dans un autre, sans faire de longs
détours et sans être arrêté à tout instant
par des portes closes.

Il remarqua néanmoins, avec étonne-

ment, que plusieurs portes, qu'il se disposait à ouvrir avec un passe-partout,
parce qu'il les savait toujours fermées,
étaient ouvertes cette nuit-là comme si
quelqu'un eût pris les devants pour lui
préparer la voie.

Le comte de Vermandois éprouvait une
défaillance, une lassitude qui s'augmentaient à chaque pas, mais qui ne le fai-
saient nullement chanceler dans son
projet.

— Monseigneur, dit à voix basse Moufle
qui hésitait sur le seuil d'une porte entre-
bâillée, il serait sage de retourner en ar-

rière, car nous pouvons faire quelque rencontre désagréable.

— Quelle rencontre?

— Des voleurs ou des amants, peu importe. Voici une porte qui ne s'ouvre jamais et qui est ouverte...

— On a même oublié la clé dans la serrure? Ce n'est pas notre affaire, et nous n'avons rien à voir là.

— Eh ! monseigneur, nous sommes sans armes et nous aurions beau crier à l'aide.

— Si ce sont des amants, ils ne nous feront pas de mal; si ce sont des voleurs, ils seront les premiers à s'enfuir.

— Ecoutez! on parle à voix haute, on chante au son d'un instrument!

— Passons, passons. Nous n'avons pas le loisir d'écouter de la musique, et aussi bien, n'est-ce pas pour nous qu'on donne le bal.

Moufle obéit et continua de marcher en avant, l'œil et l'oreille au guet.

Il venait d'entrer dans la cage de pierre

d'un escalier à vis, qui montait jusqu'aux
combles d'un bâtiment de la cour du
Donjon.

C'était la cour la plus ancienne de cette
résidence royale; François Ier l'avait fait
bâtir dans le style de l'architecture fran-
çaise lourde et massive du moyen-âge;
mais il s'en dégoûta bientôt, et il l'aban-
donna dès qu'il eût déployé, dans les
constructions nouvelles de la cour de la
Fontaine et de la cour du Cheval-Blanc,
toutes les magnificences de la Renaissance
italienne.

Les grands corps de logis qui entou-
raient de trois côtés cette cour gothique, à

laquelle on arrivait autrefois par un pont-
levis jeté sur un large fossé, n'étaient ha-
bités, depuis plus d'un siècle, que par des
hibous, des rats et des araignées.

Moufle fut donc très surpris d'entendre
les voix, les chants et la musique qui par-
taient du haut de l'escalier et qui se réper-
cutaient dans cette longue spirale de pierre
sonore, comme dans les tuyaux d'un orgue
gigantesque.

Le prince ne fut pas moins surpris de ce
bruit de fête, mais il était trop impatient
pour en chercher la cause.

— Si ce sont là des voleurs, dit-il en

poussant devant lui son valet de chambre,
ils mènent joyeuse vie et ne semblent pas
fort redoutables.

Tout à coup, la musique et le chamt
cessèrent : il y eût un instant de confusion et de tumulte. Une porte s'ouvrit et se
referma aussitôt avec fracas.

Une voix claire et perçante retentissait
encore à travers cette porte fermée, qui
paraissait être celle d'une prison, à entendre le roulement des verroux et le cli-
quetis des clés tournant dans les serrures.

Cette voix qui, tour à tour, priait et me-

menaçait, flattait ou invectivait, expira dans les larmes et les sanglots. C'était évidemment une femme qui se lamentait ainsi.

La première pensée, le premier mouvement du comte de Vermandois fut de venir en aide à cette inconnue qui semblait implorer du secours ; mais il se souvint que Louise de Chantemerle l'appelait à l'Ermitage et l'accusait depuis vingt jours.

Il se laissa donc entraîner dans la cour du Donjon. Moufle avait distingué un pas lent et régulier qui descendait des étages supérieurs, et il ne voulait pas attendre la rencontre du personnage mystérieux, qu'il

n'aurait pu éviter en restant sur les degrés
de l'escalier.

En ce moment, le vent qui s'engouffrait
dans les galeries que le prince et son
guide venaient de quitter, poussa derrière
eux avec violence la porte qu'ils avaient
laissée entr'ouverte, et la ferma bruyam-
ment en dehors, de manière à intercepter
toute communication directe entre la cour
du Donjon et les autres cours du château.

Moufle avait dû, pour se soustraire à la
vue de l'homme qui descendait lentement
l'escalier, dévier de la route qu'il voulait
prendre, en passant par une galerie haute,

qui l'eût conduit dans la cour des Cuisines et, de là, dans celle des Ecuries.

Il se trouvait forcé, malgré l'impatience du prince, de s'arrêter momentanément sous les arcades de la galerie gothique qui régnait autour de la cour du Donjon.

En levant les yeux vers le faîte de la tourelle qui contenait l'escalier à vis, il remarqua et fit remarquer au comte de Vermandois une fenêtre étroite, garnie d'épais barreaux de fer, entre lesquels filtrait une vive lumière.

— Il y a là une prison et une prisonnière! dit tout bas le prince.

— C'est sans doute une comédienne, nommée la Raisin que monseigneur le Dauphin a fait venir de Paris et qu'il tient enfermée, dit-on, comme dans une bastille.

— Tu ne m'avais pas dit que le Dauphin aimât une comédienne ?

— Il aime seulement à la voir danser et à l'entendre chanter, en s'accompagnant de son épinette.

— Mais d'où sais-tu cette plaisante nouvelle ? reprit en riant le comte de Vermandois.

— C'est un bruit qui court au château depuis l'arrivée de la virtuose et de son épinette.

— Oh ! la bonne aventure ! s'écria le prince, qui riait toujours. M. le Dauphin, l'élève de Bossuet et de Fénélon, amoureux d'une comédienne, ou plutôt d'une baladine !

— Chut ! monseigneur, on n'aurait qu'à nous entendre !... Nous ne sommes pas seuls ici, et l'on nous écoute... Voyez ! la prisonnière vient d'ouvrir sa fenêtre !

Le comte de Vermandois ne cessait pas de rire, en dépit des prudents avis de son

valet de chambre, qui attendait que le passage de l'escalier fût libre pour sortir de
la cour du Donjon.

Mais la personne qui descendait du haut
de cet escalier, une lumière à la main,
trouvant fermée la porte qu'elle avait laissée ouverte, se vit obligée de chercher
une autre issue pour revenir à son point
de départ, en faisant un long détour par
les galeries hautes.

— Il faut le suivre! dit le comte de Vermandois, qui se mit aussitôt à la piste de
ce personnage qu'il ne voyait pas, mais
qu'il entendait parler à demi-voix, comme
si quelqu'un se trouvait avec lui.

—Il y a au moins deux personnes, disait Moufle en suivant aussi le prince, sans compter celle qui regarde, en ce moment, par la fenêtre.

— N'importe ! j'ai grand intérêt à être bien informé sur le compte de M. le Dauphin.

— Mais, monseigneur, si c'était lui-même et que vous vous rencontrassiez face à face tous deux ?

— J'en aurais une joie extrême, car M. le Dauphin ne s'arrogerait plus le privilége exclusif de la sagesse, et, me sa-

chant maître de son secret, il me ména-
gera davantage.

— Vous êtes déjà maître de son secret,
monseigneur ; ne vous exposez pas à ce
qu'il devienne à son tour maître du vôtre.
Je supplie donc Votre Altesse de ne point
poursuivre son projet d'aller cette nuit à
l'Ermitage de la Madeleine !

— Est-ce à dire que M. le Dauphin aurait le droit et le pouvoir de m'empêcher
d'y aller ?

— Je ne dis pas cela, monseigneur ;
mais la nuit est noire, froide et humide.
Votre Altesse n'est point encore en état

de supporter le voyage. Demain, après-
demain, nous nous remettrons en route...

— Je suis sûr que c'est le Dauphin en
personne! disait le comte de Vermandois,
qui n'écoutait pas les sollicitations de
Moufle. Il est seul, et se parle à lui-même,
suivant sa coutume.

— Pensez-y, monseigneur! Nous n'ar-
riverons pas à la Madeleine avant deux
heures du matin ; on ne nous attend plus
et on nous laisserait à la porte.

— Entends-tu ce qu'il dit? interrompit
le prince, qui se trouvait à quelques pas
en arrière du faiseur de monologue.

— Vous voulez donc qu'on vous voie, monseigneur ? Si l'on vient à savoir que vous êtes sorti de votre appartement, à pareille heure, je suis un homme perdu, ruiné, déshonoré !

— Demeure à cette place ! dit le prince, en lui prenant des mains la lanterne, je ne tarderai guère à te rejoindre.

Il s'arma d'une énergie nouvelle pour doubler le pas et pour atteindre l'homme qui le précédait à peu de distance, et dont il voyait la silhouette se dessiner en ombres mouvantes sur la muraille, éclairée par le flambeau que cet homme portait à la main.

Il entendit, prononcés à demi-voix, ces mots qui ne lui laissèrent plus de doute sur l'individualité du personnage. Ce ne pouvait être, en effet, que le Dauphin.

— Vermandois est bien malade, disait-il en se consultant et en se répondant à demi-voix. Ne serait-ce pas une bonne politique que de demander à le voir? S'il meurt, comme on le suppose, on me saura gré de l'oubli de mon ressentiment, et l'on me louera de lui avoir pardonné ses offenses.

Le comte de Vermandois, curieux d'écouter un monologue dans lequel l'on faisait intervenir son nom, voulut s'appro-

cher de plus près, et, dans son empressement, il oublia d'étouffer le bruit de sa
marche hâtive et de masquer avec sa main
le rayon lumineux de la lanterne.

Ce rayon, qui courait devant le Dauphin, et ce bruit qui résonnait derrière
lui, l'arrêtèrent court au milieu de sa
préoccupation verbeuse.

Il se retourna brusquement : il vit un
homme qui le suivait. Il crut que cet in-
dividu avait de mauvais desseins contre sa
personne ; il alla droit à lui.

— Tournez bride et me laissez en paix !
cria-t-il, en braquant un pistolet sur le

comte de Vermandois qu'il ne reconnaissait pas encore.

— Qui s'attendait à vous rencontrer ici, monsieur mon frère, lui dit l'autre, en éclatant de rire.

— Bon Dieu ! n'êtes-vous pas le spectre de M. de Vermandois !

Le Dauphin, qui était fort superstitieux, ressentit une impression profonde de terreur, à laquelle succéda presque aussitôt un mélange confus d'étonnement, de défiance et de colère.

—Non, s'il vous plaît, monsieur mon

frère ! reprit le comte de Vermandois, en riant plus fort. Ce n'est point une âme, mais un corps qui a l'honneur de votre rencontre un peu bien imprévue en ce lieu.

— Mais on m'a rapporté que vous étiez quasi-agonisant, et je songeais, à part moi...

— Que vous feriez un acte de bonne politique en demandant à me voir ?

— Êtes-vous sorcier, monsieur, pour deviner si juste ce que j'ai pensé ?

— Pour Dieu ! monseigneur, répliqua

le comte de Vermandois, qui ne cessait de
rire, dites-moi, s'il vous plaît, d'où vous
venez ainsi au milieu de la nuit?

— Et vous, monsieur, repartit le Dauphin avec un air maussade et taciturne,
où allez-vous, je vous prie?

— N'imaginez pas que j'aille là d'où
vous venez.

— Qu'est-ce à dire? interrompit le Dauphin, relevant fièrement la tête, et toisant
d'un regard superbe et dédaigneux son
jeune frère, qui ne s'en émut pas et continua de le narguer.

— Je voudrais gager que vous êtes sur pied pour aller ouïr un beau sermon de M. l'abbé Bossuet ?

— Monsieur de Vermandois, vous pourriez vous repentir de vos moqueries !

— Ou peut-être, poursuivit le malin agresseur, s'agit-il d'une partie de cartes avec M. le chevalier de Lorraine ?

— Un conseil que je vous donne, monsieur ! dit le Dauphin d'un ton irrité ; occupons-nous chacun de nos affaires, et ne nous mêlons point de celles des autres.

— S'il vous arrive encore, répondit le prince en lui adressant presque un défi, de vous railler de mes hauts faits de Templier, ainsi que vous les avez qualifiés, je dirai, moi, que vous allez la nuit au sabbat, dans la cour du Donjon !

— Seriez-vous assez hardi pour avoir osé me suivre et m'épier ?

— Je n'ai pas comme vous, il est vrai, des espions à mon service, et il faut bien que je m'acquitte moi-même des soins de police que vous faites exercer, vous, par vos domestiques.

— Monsieur de Vermandois, prenez

garde que j'aille de nouveau me plaindre
au roi !

— Dénoncez et calomniez, monsieur le
Dauphin, c'est votre affaire. Accusez-moi,
par exemple, d'avoir tenté de vous assassiner, et donnez-en pour preuve le pistolet que vous tenez là ?

— Vos injures, monsieur, n'auront pas
le pouvoir de me mettre en courroux, dit
le Dauphin avec une rage concentrée et
un implacable ressentiment. Vous êtes un
enfant de méchante nature...

— Bonsoir, monsieur ! Je vous conseille,

pour l'honneur de votre naissance, de vous bien divertir à jouer de l'épinette et à danser la bourrée d'Auvergne.

Le Dauphin ne répondit rien à cette mordante épigramme ; il était pâle de colère et tremblant d'inquiétude ; il hésita un moment sur le parti qu'il devait prendre.

Puis, jetant à ses pieds son pistolet, il déposa son flambeau sur le plancher et se croisa les bras.

— Monsieur, dit-il froidement avec un geste d'autorité, passez votre chemin, et tournez à droite ou à gauche.

Et il attendit, à la même place, muet et immobile, que le comte de Vermandois se fût décidé, après un instant d'hésitation et de ricanement, à continuer sa route, en se dirigeant vers la cour des Cuisines et celle des Écuries.

VI

La vipère.

Ce soir-là, mademoiselle Louise de Chantemerle veilla plus tard qu'à l'ordinaire, dans l'espérance de voir arriver enfin M. Louis Breton, qui n'avait pas paru depuis vingt jours à l'Ermitage.

Moufle n'arriva pas même, quoiqu'il lui eût promis de venir, avec cette restriction cependant qu'il pourrait bien être retenu auprès du lit de souffrance de son maître.

Mademoiselle de Chantemerle, ne voyant ni le maître ni le valet de chambre, pensa naturellement que le premier devait se trouver plus malade.

Moufle lui avait annoncé pourtant, afin de la tranquilliser, que M. Louis Breton serait peut-être en état de venir lui-même.

Elle s'était bercée de ce doux espoir, et la voix de son cœur lui avait dit, à plu-

sieurs reprises, dans la soirée, qu'elle
allait revoir M. Louis Breton.

Cet espoir, par intervalles, devenant
presque une certitude, Louise s'était pré-
parée, dès le matin, à recevoir celui
qu'elle attendait avec tant d'impatience.

Elle avait ajouté quelques nœuds de
rubans, quelques gazes, quelques den-
telles à sa toilette, qu'elle avait entièrement négligée durant l'absence de M. Louis
Breton.

Elle donna souvent un coup d'œil au
miroir dans le cours de la journée, qui

lui semblait plus longue que toutes les autres, et elle s'assura qu'elle pouvait plaire encore, quoique la pâleur de ses joues et la fatigue de ses yeux languissants témoignassent qu'elle avait beaucoup pleuré et peu dormi.

Elle pleura de nouveau et plus abondamment que la veille, en se disant avec découragement, quand elle entendit sonner onze heures au clocher de Valvins, que M. Louis Breton ne viendrait pas encore ce soir-là, et qu'elle n'aurait pas même des nouvelles de ce cher malade.

— Il est bien tard, mademoiselle, lui dit Thérèse qui la pressait depuis plus

d'une heure de se mettre au lit. C'est minuit qui sonne au temple de Charenton.

— Minuit! Ce n'est que dix heures,
reprit Louise en essuyant ses larmes, et
je crois que cette horloge avance.

— Il faut pourtant prendre du repos, et
vous en avez grand besoin. Voulez-vous
aussi tomber malade? Vous ne dormez
pas, vous ne mangez pas, vous pleurez
jour et nuit!

— Comment veux-tu que je dorme? Je
me dis sans cesse que le pauvre jeune
homme est bien malade, et je voudrais
être près de lui pour le soigner.

— Il n'est pas si malade, puisqu'il s'oc-
cupe de nous, puisqu'il pense à nous envoyer tout ce qui peut nous aider à supporter notre captivité et notre solitude,
de beaux fruits, d'excellentes confitures,
des pâtisseries délicieuses... mais vous n'y
touchez pas!... des livres, des gazettes,
des comédies... mais vous n'en avez pas
lu une seule page!... des rubans, des den-
telles, des colifichets... Ah! du moins,
vous y avez fait honneur aujourd'hui, et
vous ne les jetterez pas de côté demain!

— Je suis profondément triste et abattue, ma chère Thérèse; il n'est pas venu
ce soir; demain il ne viendra pas davantage! Je commence à douter de la réalité

de cette maladie... C'est un prétexte pour
ne pas venir!... La dernière fois que je
l'ai vu, il était fort préoccupé : il m'a
parlé d'absence ; il m'a fait ses adieux,
comme s'il ne devait plus me revoir...
J'en ai eu le pressentiment alors...

— Il vous avait juré cependant qu'il
reviendrait le surlendemain, et M. Breton
n'est pas homme à mentir.

— Il n'est pas revenu, hélas! Si du
moins il m'était permis d'aller le voir, et
de m'assurer par moi-même qu'il est encore vivant, qu'il m'aime encore!...

— Vous savez que M. Moufle vous a ex-

pliqué comment cela était impossible. Il
vous a dit que M. Breton avait été fort inquiété par suite de notre évasion de l'Ave-
Maria. Ce serait le compromettre gravement et nous exposer à être reconduites
au couvent, que de nous montrer dans
l'endroit où il se cache.

— Il faut se rendre à de si bonnes raisons, et, néanmoins, je ne m'y puis ré-
soudre !... Où donc as-tu serré la clé de la
porte du jardin ? ajouta-t-elle, en affectant un air distrait et indifférent.

— Elle est en sûreté, mademoiselle, et
je la trouverai bien, dès qu'il sera nécessaire. Mais Dieu me préserve de la laisser

à votre disposition ! vous auriez déjà fait
une folie...

— Quelle folie ? reprit mademoiselle de
Chantemerle, qui rougit et n'osa regarder
Thérèse en face.

— Vous vous seriez échappée, pour
courir les champs !

— Moi ! répliqua Louise, en rougissant
davantage ; je n'y ai pas songé, et je m'en
garderai bien.

— C'est donc sans y songer, que vous
rôdez sans cesse aux alentours de cette

porte? C'est sans y songer aussi, mademoiselle, que vous avez mis toute la maison sens dessus dessous pour découvrir la place où j'ai caché cette clé... Soutiendrez-vous que vous ne cherchez pas à sortir d'ici?

— Mais où voudrais-tu que j'allasse? Je ne connais personne dans ce pays.

— Vous vous êtes trahie vous-même, ce matin, en disant que vous vous rappéliez exactement l'endroit où demeurait, il y a quatre ans, le pasteur Jérémie Cornouaille.

— Quel rapport y a-t-il entre le pasteur

Cornouaille et le projet de m'enfuir de
cette maison?

— Eh bien! vous seriez allée au temple
de Charenton demander le pasteur?

— N'est-ce pas toi-même qui en as eu
l'idée avant moi?

— Il est vrai, lorsque j'ignorais les
dangers que nous pouvons courir, en
mettant le pied hors d'ici, et surtout les
embarras que nous donnerions par là à
des personnes honorables, qui nous sont
chères... M. Breton ne nous a point dis-
simulé que M. le comte de Chantemerle

avait été très sérieusement inquiété à cause de sa religion.

— Il ne m'a pas voulu dire ce dont il s'agissait, quand il m'a quittée, sous prétexte de démarches à faire dans l'intérêt de mon père.

— M. Moufle m'a dit, à moi, tout ce que je lui ai demandé à cet égard. M. de Chantemerle, qui était venu à Paris pour nous tirer du couvent de l'Ave-Maria, a été forcé, après notre fuite, de s'en retourner en Dauphiné, car il était accusé d'avoir pris part à ce fait, qu'on qualifiait d'enlèvement, et dont il aurait dû répondre en justice...

— Comme si un père n'avait pas seul autorité sur sa fille ! Comme si la fille n'était pas tenue d'obéir à son père plutôt qu'au roi !

— Voilà pourquoi M. Breton s'est donné tant de mouvement, a vu tant de gens considérables, a mis en œuvre tant de puissants ressorts... Ce n'était pas une petite affaire, je vous assure, et M. Moufle m'en a conté tout le détail. En un mot, le pauvre M. Breton y a gagné une pleurésie.

— Ce sont des droits de plus que M. Louis Breton s'est acquis à ma reconnaissance ; mais lorsqu'il a fait partir mon père pour

le Dauphiné, ne pouvait-il pas nous faire
partir aussi ?

— Oh ! que vous seriez bien aise, mademoiselle, d'être en Dauphiné à cette
heure !

— Sans doute, dit-elle d'un air piqué et
mutin pour mieux déguiser le fond de sa
pensée : je serais auprès de mon père et
je n'attendrais personne.

— Il est quelquefois bien pénible d'attendre, en effet ; mais il ne faut pas s'imaginer que les gens qu'on attend et qui ne
viennent pas auraient pu venir. Tenez,

M. Moufle avait promis qu'il viendrait ce soir...

— Oui, mais tu l'as vu hier, tu l'as vu dix ou douze fois, depuis que j'attends, moi, M. Louis Breton !

— Enfin, mademoiselle, suivez mon exemple, consolez-vous, résignez-vous, couchez-vous !

— Il me semble que je puis attendre encore un quart d'heure ?

— Vous n'attendrez pas une minute; vous allez, s'il vous plaît, entrer dans votre chambre, vous déshabiller en hâte

et vous mettre au lit tout de suite, sinon...

— Des menaces... méchante?... Tu vas
éteindre toutes les lumières, comme l'autre nuit?

— Je vous accorde trois minutes pour
vous coucher, après quoi, le couvre-feu...
Minuit! bon Dieu s'écria-t-elle en regardant l'heure à une grosse montre qui leur
tenait lieu de pendule. Il est grand temps
de dormir, et je tombe de sommeil, n'en
déplaise à M. Moufle.

Elle aida promptement mademoiselle
de Chantemerle à échanger ses vêtements

de jour contre ceux de nuit, et elle ne se déshabilla elle-même, qu'après avoir vu sa jeune maîtresse au lit. Elle lui dit bonsoir, en lui baisant les mains, puis, soufflant la seule bougie qui les éclairait toutes deux, elle se coucha pour s'endormir aussitôt.

— Qu'elle est heureuse! se disait Louise, dont les yeux restaient ouverts dans l'obscurité; elle peut dormir!

La chambre de mademoiselle de Chantemerle était située au premier étage du pavillon de la Madeleine; une simple cloison la séparait de la chambre de Thérèse, et la porte de communication entre les deux chambres restait toujours ouverte.

Quand Louise fut à peu près certaine que sa voisine était endormie, elle se leva doucement et alla pousser la porte qu'elle put fermer sans réveiller Thérèse.

Alors elle reprit à tâtons quelques parties des vêtements qu'elle avait quittés et elle s'en couvrit presqu'au hasard, de manière à pouvoir aller et venir dans la maison.

Ensuite, elle descendit sans bruit au rez-de-chaussée et elle alluma une bougie,

au moyen d'un *fusil* qu'elle avait eu la précaution de cachér sous un coussin.

Si Thérèse était restée dépositaire de la
clé du jardin, Louise avait, en revanche,
enlevée celle de la porte du rez-de-
chaussée, afin que cette porte demeurât
ouverte jour et nuit ou seulement fermée
aux verroux.

Elle retira donc les verroux que Thérèse avait mis soigneusement ; elle ouvrit
la porte, et elle s'avança sur le perron ex-
térieur.

La nuit était sombre et froide ; le murmure de l'eau, les bruits vagues de l'air et

dés bois, troublaient seuls le silence de ce lieu solitaire.

— O mon Dieu! dit Louise en gémissant, il ne viendra donc point!

Tout à coup elle entend marcher d'un pas lourd et inégal dans le sentier pierreux qui, du bord de la rivière, arrive en serpentant derrière l'Ermitage de la Madeleine, et s'enfonce dans la forêt jusqu'aux roches de Cassepot.

Son cœur bat; elle écoute avec anxiété, mais elle a bientôt reconnu que ce pas traînant et pénible ne lui annonce pas l'arrivée de M. Louis Breton.

C'est le pas d'un seul homme, et pourtant elle croit entendre deux voix qui se répondent et qui partent toujours du même point.

Ces deux voix deviennent plus distinctes, au moment où elles se rapprochent du mur de l'enclos.

— Le Seigneur me prêtera des forces, pour vous mener en lieu sûr! dit une voix grave et mélancolique, qu'entrecoupait une respiration haletante.

— C'est tenter Dieu, que de s'obstiner contre les décrets de la Providence! reprit lentement une autre voix, presque éteinte.

Je vous conjure, mon frère, de me laisser mourir là.

Louise tressaillit à cette voix, qui éveillait dans son âme une émotion étrange.

— Il y a bien longtemps que vous me portez dans vos bras! disait la même voix qui s'affaiblissait encore, en s'éloignant. On ne nous poursuit plus! Mettez-moi à terre, que j'essaie à marcher!...

— Le sang coule toujours de votre blessure! répondit l'autre voix, plus intelligible, qui prit un accent de pieuse admonition. Répétez tout haut un psaume, pour que le Seigneur soit avec nous!

Aussitôt, la voix mourante, qu'on distinguait à peine tout à l'heure et qui s'était exhalée en gémissements, retrouva encore assez de force et de fermeté, pour réciter un psaume de David, sur un mode uniforme et solennel, que Louise de Chantemerle se souvint d'avoir entendu au temple protestant.

Cette voix débile et plaintive était soutenue par la voix mâle et saccadée qui s'unissait à elle, en répétant les paroles et le chant du psaume.

Les deux voix, qui s'éloignaient de plus

en plus à travers les arbres, trouvaient
dans la forêt d'étranges échos , et for-
maient une psalmodie triste et imposante,
qu'il était impossible d'écouter sans émotion.

— Que le Seigneur les protége et les
conduise ! s'écria mademoiselle de Chantemerle avec la ferveur d'un vœu et d'une
prière. Ce sont deux de mes frères dans la
religion de Jésus-Christ.

Des larmes avaient rempli ses yeux, et
elle admirait la résignation de ces voya-
geurs mystérieux, qui semblaient avoir
échappé à un grand danger, et qui s'ai-

daient mutuellement sous l'inspiration de
la doctrine évangélique.

Les deux voix, que la distance rendait
indistinctes sans détruire la mélodie de
leur chant, parvenaient encore, par intervalles, à ses oreilles, et pénétraient jusqu'au fond de son cœur.

Elle se sentait comme entraînée par
une puissance invisible vers ces inconnus
qui avaient passé si près d'elle, et qu'elle
se reprochait de n'avoir point arrêtés pour
leur offrir des secours au nom de la charité chrétienne.

Elle eut l'idée de les rappeler, quoiqu'ils fussent déjà hors de la portée de sa voix, et que l'écho seul envoyât encore quelques notes incertaines de leur cantique religieux.

Elle descendit les degrés du perron et courut, au milieu des herbes hautes, vers la partie la plus montueuse de l'enclos, afin de s'approcher du mur, derrière lequel tournait le sentier escarpé que les deux huguenots avaient suivi peu d'instants auparavant.

Soudain, elle posa le pied sur un objet inerte, auquel la pression donna le mouvement et la vie : elle aperçut comme

deux étincelles qui jaillissaient de terre,
elle entendit un sifflement aigu, et sentit
en même temps une vive douleur au talon
du pied gauche, qu'elle avait laissé à découvert, en oubliant de relever le quartier
de son soulier qu'elle traînait en pan-
toufle.

Elle venait de marcher sur un serpent !
Elle en eut le pressentiment, et elle poussa un cri aigu, avant de tomber évanouie
à l'endroit même où elle avait été mordue
par le reptile, qui s'enfuyait en sifflant.

Au cri que Louise venait de jeter, Thérèse s'éveilla en sursaut, avec la pensée
immédiate d'un danger que sa jeune com-

pagne avait couru ; mais elle mit d'abord cette pensée sur le compte d'un mauvais rêve.

Elle appela Louise ; n'ayant pas obtenu de réponse, elle s'élança hors du lit, tout épouvantée, et elle voulut entrer à tâtons dans la chambre de mademoiselle de Chantemerle ; elle s'effraya davantage, quand elle trouva la porte fermée : elle s'efforçait d'ouvrir cette porte, en y promenant ses mains frémissantes, et elle n'y parvenait pas.

Sa terreur et son trouble augmentaient à chaque minute, et elle appelait Louise avec des accents lamentables. Le cri douloureux qu'elle avait entendu dans son sommeil, retentissait au fond de son cœur.

Enfin, la porte ouverte, elle se précipita sur le lit de Louise : il était vide, il était froid. Mademoiselle de Chantemerle l'avait donc quitté depuis quelque temps !

En se retournant, Thérèse vit de la lumière au rez-de-chaussée ; elle franchit d'un bond l'escalier, et, appelant toujours Louise, elle arriva, hors d'haleine, et, tremblante, dans la salle où brûlait une bougie sur la table.

Louise n'y était pas, mais on pouvait croire que c'était elle qui avait allumé ce flambeau, car sa cornette de nuit se trouvait encore à côté du fusil qui lui avait fourni du feu.

Dès que Thérèse aperçut la porte du perron toute grande ouverte, elle éprouva un serrement de cœur et un tremblement de tout le corps : elle comprit qu'un malheur était arrivé.

Mais quel malheur? mademoiselle de Chantemerle avait-elle été enlevée? s'était-elle enfuie? était-elle morte ou blessée? Des voleurs, des assassins avaient-ils pénétré dans la maison ?

— Ma pauvre Louise! disait-elle en se

désespérant : où est-elle? qu'est-elle de-
venue !

Elle descendit dans le jardin et courut
d'abord à la porte extérieure, qu'elle trouva bien fermée et qui ne paraissait point
avoir été ouverte, car une bêche, dont elle
avait fait usage le matin même, était encore debout et appuyée contre cette porte.

Louise n'avait donc pas abandonné
l'Ermitage, à moins qu'elle n'en fût sortie
par-dessus le mur de clôture. Elle n'avait
peut-être pas même mis le pied hors de la
maison.

Cependant le cri terrible, qui avait ré-

veillé Thérèse, n'était point une illusion
du sommeil.

Elle rentra dans le pavillon, parcourut
de nouveau toutes les pièces le flambeau à
la main, et elle s'assura que Louise n'é-
tait nulle part ; ensuite elle visita l'écurie
et ses dépendances, sans y découvrir aucune trace du passage de mademoiselle de
Chantemerle.

Il ne restait plus que l'enclos à explorer,
et cet enclos, n'ayant pas plus d'un arpent
d'étendue, ne présentait ni bouquet d'arbres, ni taillis, ni accidents de terrain, qui
pussent arrêter la vue. Un coup d'œil eût

suffi, en plein jour pour, savoir si Louise s'y trouvait.

Mais Thérèse voulut entamer une enquête plus minutieuse; elle commença par suivre rapidement le circuit de la muraille d'enceinte, en examinant avec un soin minutieux les indices qui pouvaient la mettre sur la voie et lui faire connaître le sort de Louise.

Elle ne remarqua rien de suspect ni d'extraordinaire. Il était clair pour elle, cependant, que mademoiselle de Chante-merle n'était plus à la Madeleine!

Thérèse oubliait qu'elle n'avait pas pris

le temps de se vêtir et qu'elle s'exposait
ainsi à l'air glacial et humide de la nuit,
dans l'état de demi-nudité et de désordre
où elle avait quitté son lit.

Elle n'osait plus appeler Louise à haute
voix : elle la nommait tout bas à travers
les larmes et les sanglots.

En jetant les yeux sur l'espace couvert
de grandes herbes qu'elle n'avait pas tra-
versé, elle vit un objet de forme indécise
et de couleur blanchâtre, gisant à terre.

Elle poussa une exclamation de surprise et de douleur en se précipitant vers
cet objet, qui n'était autre que Louise,

privée de sentiment et semblable à une morte.

Thérèse emporta dans ses bras, avec une énergie surnaturelle, la jeune fille évanouie, et l'alla déposer, toute moite de rosée, sur un fauteuil de la salle du rez-de-chaussée.

Mademoiselle de Chantemerle, loin de reprendre ses sens, ne donnait pas le moindre signe de vie : ses paupières étaient fermées, sa bouche entr'ouverte, ses traits contractés, ses joues pâles, tous ses membres inertes et glacés. On eût dit qu'elle ne respirait pas.

Thérèse craignait qu'elle n'eût été victime de quelque violence; mais elle se rassura presque aussitôt à cet égard, en ne découvrant sur le corps de son amie ni blessure, ni meurtrissure, ni stigmates apparents. Ce n'était donc qu'un évanouissement dont elle ignorait la cause.

— Louise! disait-elle en lui réchauffant les mains dans les siennes, reconnais-moi! je suis Thérèse, ta sœur de lait! Tu ne cours aucun danger, ma bonne Louise; nous sommes seules, et personne n'a pénétré dans notre asile!... Elle a eu peur, assurément, ajoutait-elle en se parlant à elle-même; elle aura entendu quelque bruit... Aussi, pourquoi lui troubler l'es-

prit de cette sotte fable de la dame aux
vipères, que M. Moufle m'avait racontée?..
Elle s'est imaginé peut-être voir une appa-
rition... Quelle imprudence d'aller au jardin à pareille heure !

Thérèse parlait à voix haute, comme si
Louise avait pu l'entendre, et celle-ci ne
l'entendait pas. Thérèse s'effraya de sentir
que les mains de Louise se raidissaient et
se refroidissaient davantage à chaque instant.

— Elle n'a plus de pouls! s'écria-t-elle
épouvantée ; et je suis seule ici ! sans secours!... O ciel! quelle est cette pamoi-

son? La pauvre Louise est-elle en péril de mort! Que faire? Un médecin! Où trouver un médecin! Personne, mon Dieu! ne viendra donc à mon aide!

Elle se mit à genoux devant la jeune fille inanimée; elle lui frotta les mains et les bras; elle lui jeta de l'eau à la figure; elle lui détacha ses vêtements, elle l'entoura de coussins, elle lui souleva les jambes et les étendit sur un tabouret.

Elle s'aperçut tout à coup qu'une des jambes était si prodigieusement enflée, que la trame du bas, taché de sang au talon, avait éclaté en plusieurs endroits, et que le pied, dont l'enflure semblait croître à vue d'œil, n'eût jamais été contenu dans la chaussure qu'il avait laissé tomber.

Elle déchira en mille pièces, avec ses ongles et ses dents, le bas qui comprimait la jambe, et qui n'empêchait pas l'enflure de se développer. Cette jambe était déjà marquetée de taches rouges et livides.

On distinguait à peine, au talon, la piqûre du serpent, et Thérèse ne reconnut la place de cette piqûre qu'en se guidant d'après la tache de sang qu'elle avait remarquée d'abord sur le bas.

— Que le Seigneur ait pitié de nous!

s'écria-t-elle consternée ; la malheureuse
a été piquée par une vipère !

Thérèse connaissait, par bonheur, les
premiers soins que réclamait un accident
de cette nature. Elle devait à un long
séjour en Dauphiné, où les reptiles sont
très dangereux, des notions assez précises
sur la manière de prévenir et d'arrêter les
symptômes, plus ou moins fâcheux, qui
se développent toujours à la suite d'une
morsure de serpent venimeux.

Elle jugea, par le seul aspect du pied
malade, que le serpent qui l'avait mordu
appartenait à l'espèce la plus redoutable,
et que c'était la grande vipère noire,

qu'elle avait souvent rencontrée dans les bois et les montagnes du Dauphiné.

Déchirer sa chemise en bandelettes, faire une ligature au-dessous du genou, laver la morsure avec de l'eau salée, faire saigner la plaie en la pressant avec force, y introduire de la salive, tout cela fut l'affaire de quelques instants.

Louise n'avait pas encore fait un mouvement ; son visage exprimait toujours l'effroi et la souffrance ; ses mains étaient toujours aussi froides et inertes.

Thérèse pensa, en frémissant, que le

venin avait eu le temps de se répandre par tous les membres de la blessée, et que peut-être existait-il encore dans la blessure!

Elle appliqua ses lèvres sur cette blessure, et elle suça la plaie avec tant d'ardeur, que Louise, sans sortir de son assoupissement, se sentit soulagée et poussa un léger soupir.

Thérèse, dont les forces paraissaient avoir doublé, en raison des besoins de la circonstance, saisit entre ses bras la malade en léthargie et la porta dans son lit, où elle l'enveloppa de couvertures et la surchargea de coussins, de tapis et d'oreillers, pour ramener chez elle la chaleur et la transpiration.

Ce fut seulement alors qu'elle s'occupa d'elle-même et qu'elle se vêtit à la hâte, afin d'être en état de courir chercher du secours hors de la maison, si elle le jugeait nécessaire.

Mais déjà ses soins intelligents et empressés avaient été couronnés de succès. Quoique Louise n'eût pas encore rouvert les yeux et repris connaissance, sa peau devenait moite et chaude, le pouls se fortifiait et se réglait; l'enflure de la jambe n'augmentait plus.

Sur ces entrefaites, Thérèse, qui avait

entendu le roulement d'une voiture, sans
s'expliquer la cause de ce bruit inaccou-
tumé, fut bien agréablement surprise en
reconnaissant le signal par lequel M. Louis
Breton ou Moufle annonçait sa présence à
la porte de l'enclos.

On avait frappé des mains par trois fois,
et comme Thérèse courait et furetait partout pour retrouver la clé qu'elle avait cachée dans l'intention de la soustraire aux
recherches de Louise, on frappa encore
trois coups avec plus de force que la première fois.

Ce frappement de mains, que le silence
de la nuit rendait plus sonore, avait sans

doute retenti dans le cœur de la malade, car un long soupir souleva sa poitrine, et elle murmura le nom de *Louis*, sans toutefois revenir à elle.

Thérèse était allée, toute émue, ouvrir la porte ; elle croyait n'avoir que Moufle à introduire dans l'Ermitage, mais elle se trouva en face de M. Louis Breton, qu'elle n'attendait pas.

Il était si pâle, si défait et si las, qu'elle aurait hésité à le reconnaître si Moufle n'avait été derrière lui pour témoigner de son identité.

— Quel bonheur que ce soit vous ! s'écria-t-elle. C'est le ciel qui vous envoie !

— Et Louise? demanda d'une voix faible le comte de Vermandois, qui s'éton-
nait de ne pas la voir la première.

—Ah! venez! reprit-elle avec une agitation extraordinaire. Un grand malheur
vient de nous frapper!

—Un malheur! répliqua-t-il en donnant
créance aux plus sinistres pressentiments.

— Mademoiselle de Chantemerle a été
mordue par une vipère.

— Elle est morte! s'écria le prince, qui
s'abandonnait déjà au désespoir.

— J'espère que l'accident n'aura pas de suites funestes ; mais la blessure est grave.

— Il faut un médecin sur-le-champ! interrompit le comte de Vermandois, qui se sentit revivre, en apprenant que Louise n'avait pas succombé.

— Où trouver un médecin, à cette heure, en ce lieu ? dit Thérèse.

— Va, remonte en carrosse ! dit vivement le prince à Moufle, interdit et désolé : retourne au château et ramène-nous un médecin, n'importe lequel, de gré ou de force !

— Mais, monseigneur, répondit le valet de chambre, c'est un ordre impossible à remplir !

Thérèse, si préoccupée qu'elle fût de la situation périlleuse de Louise, ne laissa pas de remarquer que Moufle avait appelé son maître *monseigneur*, en lui adressant la parole.

Moufle ne s'était point aperçu lui-même de sa distraction, et le prince n'y avait pas pris garde, tant il se tourmentait exclusivement de l'état de mademoiselle de Chantemerle.

Thérèse, stupéfaite et intriguée, regardait le comte de Vermandois, en se demandant tout bas quel pouvait être ce soi-disant Louis Breton, qu'on qualifiait de monseigneur.

— Pars donc! dit impérativement le prince à Moufle, qui semblait encore indécis. Ordonne au cocher, de ma part, de ne pas ménager ses chevaux ni sa voiture. Toi, ne reparais jamais devant mes yeux, si tu ne reviens pas tout à l'heure avec un médecin!

VII

La chambre vide.

La duchesse de La Vallière, qui avait
quitté le château de Marly aussitôt après
son entrevue avec le roi, n'arriva pas à
Fontainebleau avant deux heures du matin.

Son carrosse s'était embourbé dans les
chemins de traverse; une des roues avait
été brisée et il avait fallu aller chercher,
à deux lieués de là, les secours nécessaires pour remettre la voiture en état de
continuer sa route.

Ces retards interminables avaient été
bien pénibles pour une mère impatiente
de se retrouver auprès du lit de son fils
malade.

L'abbé Cornouaille accompagnait toujours madame de La Vallière dans ce
voyage, qu'elle n'eût probablement jamais
entrepris sans le conseil et l'assistance du
pieux ecclésiastique, qui allait être chargé

de diriger l'éducation morale du comte de Vermandois.

Plus d'une fois, pendant cette longue route, il avait uni ses prières à celles de la sainte et noble femme, qui ne priait pas seulement pour son fils; plusieurs fois, en la voyant répandre des larmes silencieuses, qu'elle s'efforçait de cacher, il avait essayé de lui offrir des consolations et des encouragements, puisés dans la source divine de la résignation chrétienne.

Sœur Louise de la Miséricorde n'eût point osé s'avouer à elle-même que, si son fils était sans cesse présent à sa pensée, tous les mouvements de son cœur ne se rapportaient pas à lui seul.

Le premier mot que proféra madame de La Vallière, en descendant de carrosse, pâle, abattue, épuisée, ce fut pour s'informer des nouvelles du comte de Vermandois.

On lui répondit avec hésitation que le prince s'était trouvé plus mal durant la soirée, et qu'à la suite d'une nouvelle crise, il avait donné ordre de ne laisser entrer personne dans son appartement jusqu'au lendemain matin.

— J'en avais le pressentiment ! dit-elle avec anxiété. Aussi, pourquoi me suis-je éloignée de lui !

— Ayez confiance en Dieu, ma sœur !

lui dit l'abbé Cornouaille. Vous avez fait votre devoir en allant demander au roi la grâce de votre fils.

— Ne m'abandonnez pas, monsieur ! n'abandonnez pas ce pauvre enfant !

Madame de La Vallière se proposait de reprendre aussitôt sa place de mère à côté du lit de son fils ; elle espérait surtout dans la prière pour le guérir, et elle comptait aussi sur l'efficacité des secours spirituels que le prêtre allait donner au malade.

Elle traversa d'un pas précipité les es-caliers et les galeries qui conduisaient à

l'appartement du comte de Vermandois :
elle s'effrayait de ce silence sinistre qui
semblait confirmer ses craintes, à mesure
qu'elle approchait de son fils.

L'abbé Cornouaille, qui marchait derrière elle, avait peine à la suivre, et eût
souhaité l'empêcher d'avancer, car il pres-
sentait un malheur.

M. de Périgny sortait de l'antichambre
où veillaient deux domestiques. Il était
allé écouter à la porte du prince.

— Eh bien ! monsieur, que pense le médecin ? lui dit tristement la religieuse, qui
ne lui laissa pas le temps de s'esquiver.

— Ah ! madame, le médecin ne dit rien de bon ! reprit le sous-gouverneur, en exagérant ses démonstrations d'inquiétude et de tristesse. Aussi bien, Son Altesse ne veut-elle voir ni médecin, ni personne, excepté son premier valet de chambre qui ne mérite pas cet excès de préférence !

— Eh bien ! je vais entrer là-dedans ! dit-elle à un des valets de chambre qui n'avait pas fait un pas vers la porte. Qu'on mande M. Fagon sur-le-champ ou tout autre médecin du château !

— On ne saurait entrer ! repartit M. de Périgny avec amertume ; la porte a été fermée en dedans, et Son Altesse a défen-

du expressément qu'on vînt dans sa chambre avant demain. Je n'ai pas même obtenu la faveur de passer la nuit près de
Son Altesse, tandis que le sieur Moufle est
seul autorisé à y demeurer !

Madame de La Vallière, sans écouter les
doléances du sous-gouverneur, était allée
droit à la porte, avait essayé de l'ouvrir,
et frappait avec insistance.

— Qu'on ouvre! dit-elle à voix haute,
d'un ton impératif. M. de Vermandois sait
qui je suis !

On faisait silence autour d'elle; on prêtait l'oreille avec curiosité ; mais la porte restait toujours close : on ne répondait pas de l'intérieur de la chambre, et aucun bruit ne témoignait qu'on se préparât à ouvrir, quoique la duchesse de La Vallière eût réitéré ses injonctions en heurtant avec plus d'impatience et de force.

— O mon Dieu ! dit-elle en se parlant à elle-même, quel silence effrayant ! Que s'est-il passé en mon absence ?... Dort-il ? s'éveillera-t-il ?

— Si Son Altesse était seule, objecta M. de Périgny, donnant carrière à sa jalousie contre Moufle, je comprendrais ce retard à ouvrir la porte ; mais le premier valet de chambre est là ou doit être là !...

— Et M. Fagon ne vient pas ! s'écria-t-elle, en proie aux plus douloureux pressentiments. Il est arrivé sans doute quelque grand malheur ! A-t-on fait savoir à M. Fagon que je le mandais tout à l'instant ?

— Madame, M. Fagon s'en est retourné hier à Versailles, répondit le sous-gouverneur du prince ; il était fort piqué de ce que le premier valet de chambre de Son Altesse ne l'introduisait pas de trop bonne grâce.

— Mais M. Fagon n'est pas le seul médecin du roi qui soit à Fontainebleau !

— On n'a pas trouvé M. le médecin ordinaire, dit un des domestiques qu'on avait
chargé d'avertir M. Robin : quelqu'un est
venu le chercher pour un cas grave, et il
n'est pas encore rentré chez lui.

— Il faut pourtant un médecin ! dit madame de La Vallière, que chaque moment
d'attente agitait et désolait davantage,
M. de Vermandois est peut-être évanoui...
Que sais-je ? Il importe de le secourir.

— Le moyen d'entrer sans briser la
porte ! reprit le sieur de Périgny qui allait
et venait d'un air affairé, mais qui ne
prenait aucune décision. Ce n'est pas
moi qui me permettrai d'entrer de vive
force !

— On jettera la porte en dedans, voilà
tout! dit madame de La Vallière. Mon Dieu!
qu'on se hâte, je vous en prie !

Mais personne n'osa se présenter pour
l'exécution d'un ordre contraire à celui
que le comte de Vermandois avait donné
en faisant fermer son appartement. Tout
le monde restait immobile.

— Madame, dit un vieux valet de chambre, l'entrée est peut-être libre par les
garde-robes? J'y vais voir.

Madame de La Vallière attendit dans la
plus vive anxiété : elle avait appuyé son
oreille contre la porte et elle se figurait

entendre à l'intérieur le murmure d'un râle et des plaintes entrecoupées.

On faisait autour d'elle un profond silence. M. de Périgny avait cessé ses évolutions, mais il méditait une retraite prudente pour n'avoir pas vis-à-vis du prince la responsabilité d'un bris de porte.

Le valet revint tout essoufflé et tout troublé ; il annonça que la porte était fermée également du côté des garde-robes.

Madame de La Vallière, à cette nouvelle, trouva une énergie inusitée.

— Qu'on enfonce cette porte tout à

l'heure! dit-elle avec autorité. C'est moi qui l'ordonne!

— Madame répondit le sieur de Périgny, il serait bon d'avertir M. le marquis de Monchevreuil?

— Si personne ne veut obéir à mon ordre, reprit la religieuse, voyant qu'on hésitait à lui prêter main-forte, donnez-moi ce qu'il faut pour briser cette porte!...

Le vieux valet de chambre était allé chercher une cognée qui servait à fendre le bois; mais un signe de ses camarades l'empêcha d'en faire usage lui-même;

d'ailleurs, madame de La Vallière, exaltée par ses pressentiments, la lui avait déjà arrachée des mains.

L'abbé Cornouaille, qui s'était tenu à l'écart, s'avança dès qu'il jugea son intervention nécessaire, et, reprenant des mains délicates de la pauvre mère le lourd instrument qu'elle pouvait à peine lever, il s'approcha résolûment de la porte et l'ébranla coup sur coup.

— Si l'on n'ouvre pas, dit-il d'une voix ferme et retentissante, il faudra bien jeter cette porte en dedans !

Il renouvela deux fois l'invitation d'ouvrir ; mais, n'obtenant pas de réponse, n'entendant aucun bruit qui annonçât la présence de quelqu'un dans la chambre, il se mit en devoir de rompre la porte.

— Hélas ! que la volontéde Dieu soit faite disait amèrement madame de La Vallière, en joignant les mains et en élevant son âme au ciel. Le malheureux enfant n'existe plus, sans doute !

Mais, au moment où l'abbé Cornouaille s'apprêtait à enfoncer la porte, cette porte s'ouvrit tout à coup, et Moufle parut sur le seuil, la figure bouleversée et l'air consterné.

— Qu'y a-t-il ? lui demanda madame de

La Vallière, à laquelle il semblait barrer
le passage. M. de Vermandois est-il plus
malade ? Pourquoi avoir tant tardé à ouvrir cette porte ?

— Madame ! répondit le valet de chambre qui n'avait pas encore eu le temps de
composer son visage et de se faire un
thême d'excuse. Je n'avais point entendu,
j'étais absent...

— Absent ! Et M. de Vermandois se
trouvait ainsi seul et sans secours ! N'a-t-il
pas reconnu ma voix ?

Et, coupant court à toute autre explication préliminaire, elle repoussa le do-

mestique, qu'elle se réservait de répri-
mander plus tard et de punir pour sa
négligence, et elle s'élança dans la
chambre.

Les rideaux du lit étaient tirés et her-
métiquement fermés, comme si on avait
voulu cacher à ses yeux de mère un bien
triste spectacle.

Elle resta un moment attérée, indécise,
prête à défaillir.

Mais, s'armant de résolution et de courage, elle alla droit au lit et en écarta les
rideaux.

Le lit était vide : elle frissonna ; puis, espérant encore que ses yeux subissaient l'erreur d'une illusion momentanée, elle se pencha sur le lit, elle le toucha, elle y promena ses mains tremblantes, pour s'assurer encore que son fils ne s'y trouvait plus..

— Où est-il? s'écria-t-elle presque hors de sens. Qu'en a-t-on fait?... Qu'on me le rende mort ou vivant!...

L'abbé Cornouaille avait seul pénétré dans la chambre à la suite de madame de La Vallière, et tous ceux qui avaient assisté au commencement de cette scène émouvante, se tenaient en deçà de la porte restée entr'ouverte, mais interceptée par la portière de tapisserie que Moufle avait fait retomber devant le sieur de Périgny qui faisait mine de vouloir entrer aussi.

On ne pouvait donc voir du dehors ce qui se passait dans la chambre ; on n'entendait pas même intelligiblement tout ce qui s'y disait. M. de Périgny eut, d'ailleurs, la prévoyance de faire écarter tout le monde, et il resta lui-même à distance de la porte, en se demandant tout bas s'il était autorisé, comme sous-gouverneur du prince, à s'immiscer plus avant dans une affaire qui devait entraîner la disgrâce et la perte de Moufle.

Celui-ci n'avait pas répondu aux interpellations pressantes et désolées de la religieuse, mais il s'efforçait de paraître calme, et quoiqu'il comprît tout le péril de sa situation, il se sentait assez d'adresse pour sortir de ce pas difficile sans compromettre le comte de Vermandois.

— Répondrez vous enfin, malheureux ? lui dit avec indignation madame de La Vallière, qui ne pouvait obtenir de renseignements sur le sort de son fils que de la part de Moufle.

— Oui, madame, je suis un malheureux ! répondit-il en se metttant à genoux devant elle.

— Voici un monstre qui a commis quelque grand crime! dit-elle exaspérée par la douleur : tenez, mon père, il vous prie de l'entendre en confession. Misérable!... qu'as-tu fait de mon fils ?

— Est-il possible, grand Dieu ! dit l'abbé Cornouaille, qui se méprenait aussi sur les actes et les intentions de ce pécheur agenouillé ; est-il possible que vous ayez porté la main sur votre maître !

— Moi ! s'écria le valet de chambre avec un geste d'horreur et de pitié : moi qui donnerais jusqu'à la dernière goutte de mon sang pour épargner un déplaisir à Son Altesse Royale !

— Réponds donc ! dit la mère : ne me

laisse pas dans cette horrible angoisse;
parle-moi de mon fils, apprends-moi ce
qu'il est devenu, jure-moi qu'il est vivant!...

— Dieu soit loué! madame, il est vivant! reprit Moufle, qui s'était relevé et
qui avait repris toute son assurance : vous
n'avez rien à craindre pour sa personne,
et j'estime même qu'il est à cette heure
entièrement guéri.

— Oh! que ces paroles me font de
bien!... Mais ne me trompe-t-on pas?
N'est-ce pas par compassion pour mon
cœur de mère qu'on me déguise la vérité?

— Vous pouvez parler sans feinte, sans réticence, dit l'abbé Cornouaille en s'adressant à Moufle, qui ne se pressait pas de dissiper les inquiétudes de madame de La Vallière. Ce n'est pas seulement une mère qui vous interroge, c'est encore, c'est surtout une chrétienne qui sait se soumettre aux décrets de la Providence et qui accepte les épreuves que Dieu lui envoie.

— Je vous jure, madame, reprit Moufle avec une loyale expression de sincérité, je vous jure que les jours de M. le comte de Vermandois ne sont en butte à aucun danger et que vous allez le voir, d'un moment à l'autre, mieux portant que vous ne l'avez quitté hier matin.

— Combien je vous remercie de rendre du calme à mon âme, en me rassurant au sujet de ce cher enfant! Mais pourquoi n'est-il pas devant mes yeux? Pourquoi est-il sorti de son appartement?

— Je n'ose avouer ce qui est arrivé....: dit Moufle en se donnant un air contrit et accablé.

— Qu'est-il arrivé?... Me voilà de nouveau rejetée dans le trouble et l'angoisse ! Il est donc arrivé quelque chose de fâcheux pour mon fils?...

— Je m'étais endormi de fatigue; Son

Altesse paraissait sommeiller aussi, mais elle faisait semblant de dormir, et elle profita de mon sommeil pour se lever, pour s'habiller...

— Se lever, s'habiller, dans l'état de faiblesse où je l'ai laissé!... mais son dessein?...

— J'imagine qu'il avait l'esprit inquiet de certaines sommes qu'il devait à M. le chevalier de Lorraine.

— Il s'est levé, dites-vous, et quand il fut habillé, il sortit de son appartement?

— Oui, madame..... il n'était peut-être

pas absolument éveillé, il n'avait peut-être pas toute sa raison...

— Mais enfin, où allait-il, où voulait- il aller au milieu de la nuit?

— Chez monseigneur le Dauphin? répondit Moufle, qui supposa que le Dauphin se garderait bien de révéler sa rencontre nocturne avec le comte de Vermandois.

— Chez le Dauphin? répéta madame de La Vallière, étonnée. Est-ce que le Dauphin donnait à jouer? Est-ce que le chevalier de Lorraine a organisé quelque brelan dans le château?

— Non, que je sache, madame ; je ne sais pas même si Son Altesse M. le comte de Vermandois est allé chez monseigneur le Dauphin, comme il en avait eu d'abord le projet...

— Il faut savoir s'il y est allé, s'il y est encore !... Courez donc, s'il vous plaît, vous en informer.

— Mais, madame, reprit Moufle, peu jaloux de remplir une telle commission, Son Altesse ne me pardonnera jamais de paraître épier ses démarches et de vous en avoir déclaré quelque chose...

— Je vais moi-même, en votre nom,

madame, dit l'abbé Cornouaille, demander si M. de Vermandois n'est point allé
chez Monseigneur.·

— Ce n'est de ma part qu'une supposition, dit Moufle, et le plus sage serait d'attendre le retour de Son Altesse, qui se
retrouvera sans doute dans son lit, demain, quand il fera jour.

— Attendre! s'écria madame de La
Vallière, supporter cette mortelle anxiété
pendant des heures!... Il faut qu'il se soit
levé pour aller jouer quelque part!... Il est
à peine hors de maladie, et déjà il s'en
retourne au jeu, cet incorrigible garçon!
Ah? si le roi en est instruit!...

— Pour que le roi en soit instruit, reprit Moufle avec tristesse, il ne faut que l'apprendre à monseigneur le Dauphin.

— On nous donne là un bon conseil qui mérite d'être suivi, dit l'abbé Cornouaille : tout ce bruit, tout ce scandale ne peuvent que porter préjudice à M. le comte de Vermandois. Le plus sage parti à prendre, c'est de cacher son absence, au lieu de la dénoncer à des gens mal intentionnés, qui ne manqueraient pas d'en tirer de fâcheuses conséquences.

— Mais, s'il tarde longtemps à revenir? repartit tristement madame de La Vallière; s'il ne revient pas?...

— Songez au funeste éclat que ce serait
à la cour, si l'on y apprenait que le comte
de Vermandois, malade encore de ses
excès, s'est levé en pleine nuit pour retourner au jeu!

— Où voulez-vous qu'il soit allé, sinon
au jeu?... Je suis sûre qu'en cherchant
bien, et sans sortir du château, on le trou-
verait peut-être pris de vin dans quelque
abominable tripot!

— Madame interrompit Moufle, qui ne
put s'empêcher de protester contre cette
injuste et déshonorante supposition.

— Hélas! mon Dieu! dit-elle avec

amertume : ce n'est pas le dernier chagrin que me causera cet enfant !

— Croyez-moi, madame, reprit l'abbé Cornouaille : si profonde et si [saignante que soit la plaie de votre cœur à l'égard de votre fils, évitez de la montrer à des personnes qui l'envenimeraient encore ! Il faut au contraire qu'on ignore, s'il est possible, la nouvelle imprudence de Son Altesse. Rappelez-vous que, pour cette fois, Sa Majesté ne lui pardonnerait pas !

Et, sans attendre la réponse de la Carmélite, qui s'était agenouillée toute en larmes devant un portrait du roi, il fit signe à Moufle de le suivre et il sortit avec lui de la chambre, en fermant la porte derrière eux.

— Monsieur, dit l'abbé Cornouaille au sieur de Périgny, qui stationnait sur le seuil de la porte, M. le comte de Vermandois était profondément endormi et ne s'est point éveillé au bruit. Donnez des ordres, s'il vous plaît, pour que personne, sous aucun prétexte, n'entre là-dedans sans y être expressément mandé.

— Je suis le sous-gouverneur de M. le comte de Vermandois ! répondit le sieur de Périgny, lançant à Moufle un regard d'envie et de haine. Il est bien étrange qu'on m'éloigne toujours de Son Atesse, lorsque je ne devrais la quitter ni jour ni nuit.

M. de Périgny ne se retira qu'à regret et en maugréant, après avoir fait retirer tout le monde. L'abbé Cornouaille resta seul avec Moufle, qu'il avait retenu, lorque celui-ci cherchait à s'esquiver avec les autres valets de chambre.

—Monsieur, lui dit l'ecclésiastique avec une fermeté froide et douce, vous savez où est le prince?

—Je le saurais, monsieur l'abbé, répondit Moufle, dominant son embarras et cachant son émotion, je le saurais, qu'il me faudrait le taire, si Son Altesse m'avait ordonné de n'en rien dire !

— Je ne pense pas, continua l'abbé Cornouaille, qui l'interrogeait du regard ; je ne pense pas que M. le comte de Vermandois soit à cette heure chez monseigneur le Dauphin.

— Je ne le pense pas non plus, dit Moufle, qui craignait de voir le Dauphin mêlé à cette affaire. Je crois même qu'il serait utile, dans l'intérêt de Son Altesse, que monseigneur le Dauphin ne fût nullement averti de ce qui se passe...

— Je suis sûr que M. le comte de Vermandois n'est point au château !

Cette brusque affirmation déconcerta la présence d'esprit de Moufle, qui rougit et balbutia, comme fasciné par les regards pénétrants de l'abbé Cornouaille.

— Ne le niez pas! dit le prêtre, avec l'autorité que lui donnaient sa robe et la confiance de madame de La Vallière : M. le comte de Vermandois est sorti, cette nuit, du Château.

— Mais, en vérité, monsieur l'abbé, je n'ai pas le droit de répondre à vos questions...

— Je ne vous demande pas, remarquez-le bien, pourquoi Son Altesse a voulu sortir; c'est là son secret, et je ne me trouve pas autorisé suffisamment à m'immiscer dans ce secret. Mais j'entends vous faire déclarer que M. de Vermandois n'est pas au château.

—Permettez-moi de vous dire, monsieur l'abbé, que je ne suis pas maître des secrets de Son Altesse... Qui vous donne à présumer que le prince s'en est allé?

— Vous l'avez accompagné certainement, car on voit encore à vos chausses tachées de boue fraîche, et à vos souliers fangeux, que vous revenez d'une marche dans la forêt.

— Ah ! je vous en prie, monsieur l'abbé, aidez-moi plutôt à expliquer la sortie de Son Altesse !

— Ainsi, vous avouez tout et vous allez me conduire auprès de M. le comte de Vermandois ?

— Où voulez-vous que je vous conduise, monsieur ? dit Moufle, confus et perplexe.

— Là où je pourrai rencontrer le prince, afin de le ramener à sa mère.

— Mais je vous assure que je serais fort en peine de deviner où il est...

— En ce cas, il importe de le retrouver,
et si vous vous rappelez seulement à quel
endroit de la forêt vous vous êtes séparé
de lui, nous découvrirons bientôt où il
peut être.

— J'ai accompagné, en effet, Son Altesse dans la forêt, mais je ne retrouverai
jamais l'endroit où je l'ai laissée... Attendons plutôt que le prince revienne de lui-
même, selon son bon plaisir.

— Attendre? attendre, quand sa malheureuse mère se lamente et le pleure,
comme s'il était mort!

— Il n'est pas mort, vous devez en être

certain, puisque vous me voyez calme et confiant.

— Il court peut-être quelque danger ; il en courra du moins un réel, s'il doit, en revenant, traverser les bois...

— Eh bien ! monsieur l'abbé, je partage vos inquiétudes, et je vais, tandis que vous tiendrez compagnie à madame la duchesse de La Vallière, en l'encourageant à prendre patience...

— Non, vous n'irez pas seul ! dit l'abbé Cornouaille en l'arrêtant : je ne vous quitterai point...

— Il ne convient pas, monsieur l'abbé, que vous descendiez dans la forêt en pleine nuit...

— Cela convient de telle sorte que, si vous résistez davantage, je me ferai suivre par dix ou vingt hommes portant des torches, et m'en irai à la recherche de M. le comte de Vermandois.

— Vous ne ferez pas ce que vous dites, monsieur l'abbé, car Son Altesse en aurait trop de dépit...

— Je le ferai tout à l'heure, monsieur, interrompit l'abbé Cornouaille qui, las

de parler en vain et d'employer sans
succès le langage de la persuasion et de la
prière, se décida enfin à ordonner.

— Je vous conjure, monsieur l'abbé, de
ne pas causer ce chagrin et cette honte à
Son Altesse !

— N'oubliez pas, monsieur, dit le prêtre avec gravité, que je remplace désormais M. l'abbé Gofas, et que je suis chargé
de diriger la conscience de M. le comte de
Vermandois.

— Je ne puis que vous obéir, monsieur !
répondit d'un air soumis Moufle, qui n'en

était pas moins déterminé à remplir fidè-
lement ses devoirs vis-à-vis de son maître.
Venez donc, s'il vous plaît !

Et, marchant en avant, il conduisit
l'abbé Cornouaille jusqu'à la principale
entrée du château, où il éveilla le con-
cierge des grilles, pour lui faire dire et
répéter tout haut que M. le comte de Vermandois n'était sorti, ni en carrosse, ni à
cheval, ni à pied, depuis plus de vingt
jours.

VIII

La forèt.

Moufle avait eu le temps, avant l'arrivée
de madame de La Vallière, de venir chercher à Fontainebleau le médecin ordinaire du comte de Vermandois, et de l'introduire, les yeux bandés, dans l'Ermitage

de la Madeleine. Le prince avait envoyé
encore une fois le valet de chambre au
château pour y prendre, dans son appartement, des cordiaux et des juleps répa-
rateurs qui étaient préparés pour lui-
même, et qui devaient, de l'avis de M. Robin, agir puissamment sur la malade,
toujours plongée dans un sommeil léthar-
gique.

Le fidèle serviteur s'était trouvé, comme
on l'a vu, bien empêché d'exécuter la
commission qu'il avait à remplir, et, tout
ce qu'il put faire, au moment de paraître
devant la mère éplorée du comte de Vermandois, ce fut de mettre dans ses poches
les fioles que le prince lui avait ordonné
de rapporter sur-le-champ.

Depuis plus d'une heure, on attendait avec impatience son retour à l'Ermitage. Le prince s'emportait en injures et en menaces contre lui ; Thérèse courait sans cesse à la porte de l'enclos, pour voir s'il ne revenait pas ; le médecin, qui consultait à chaque instant le pouls de mademoiselle de Chantemerle évanouie, ne cessait de répéter que l'action mystérieuse de la Nature aurait plus de pouvoir que tous les médicaments du monde.

Louise de Chantemerle n'avait pas repris connaissance, mais des symptômes favorables témoignaient de l'amélioration sensible de son état : non-seulement l'enflure de la jambe diminuait, mais encore la respiration était régulière et naturelle.

Ses membres ne paraissaient plus contractés, les traits de son visage n'offraient plus trace d'aucune souffrance, et, par moments, ses lèvres s'agitaient doucement, comme pour articuler des mots qu'on n'entendait pas, mais qui se traduisaient en vague sourire sur son front pâle et immobile.

— Il né viendra pas, le maraud! disait le comte de Vermandois, en s'indignant d'un retard qui lui semblait inexplicable de la part de Moufle. Il faut que le malheureux soit mort en route!

— Cette forêt est pleine de brigands, reprit tristement Thérèse; mais M. Moufle

est toujours armé, et je ne doute pas de
son courage...

— Il y a plus de deux heures qu'il est
parti ! s'écria le prince, qui ne se rendait
plus compte exactement des intervalles
du temps. Deux heures d'attente ! deux
heures d'angoisse !

— Vous l'avez peut-être envoyé bien
loin d'ici ? objecta Thérèse, qui avait déjà
plus d'une fois pris la défense de Moufle.
Au reste, je puis vous certifier qu'il n'y a
qu'une heure à peine...

— Voici justement ce qu'il nous faut !

dit M. Robin, qui était allé, un flambeau
à la main, cueillir des simples parmi les
herbes de l'enclos, et qui revint triomphant
avec une poignée de plantes sauvages.
La nature, comme j'aime à le répéter sans
cesse, est à la fois bienfaisante et pré-
voyante : elle a mis partout le remède à
côté du mal.

M. Robin, que le prince regardait avec
autant de curiosité que de défiance, mit,
dans une écuelle d'argent que lui présenta
Thérèse, des feuilles de plantain, d'ortie
et de bouillon blanc ; puis, il les écrasa et
les pressa entre ses doigts, de manière à
en extraire quelques gouttes de jus dans
un verre.

— Je ne sais où j'avais la tête, dit-il d'un

air satisfait, pour n'avoir pas songé plus tôt à cet infaillible remède contre la morsure des serpents les plus venimeux !

— Monsieur ! lui demanda vivement le prince, en lui saisissant le bras : êtes-vous bien sûr de ce que vous allez faire ? Ces plantes ont-elles la vertu que vous dites ?...

— C'est la Nature, la bonne Nature qui nous les donne, monseigneur.

— A qui en avez-vous avec votre monseigneur ? interrompit sèchement le comte de Vermandois, contrarié de voir son in-

cognito trahi par une distraction involontaire de M. Robin.

— Je ne fais que répéter ici, répliqua
le médecin en se ravisant, la réponse que
j'ai adressée naguère à un grand prince,
qui m'interrogeait sur la puissance de la
Nature.

— Et vous allez faire boire à la malade
ce suc d'herbes? reprit le comte de Vermandois, qui voyait partout, depuis sa
maladie, des ennemis, des complots et des
crimes.

— Certainement, et je voudrais qu'elle
l'eût bu depuis une heure

— Monsieur! lui dit le prince, dont l'esprit était plein de soupçons sinistres, monsieur, ajouta-t-il en fixant sur lui un œil scrutateur, déclarez-moi solennellement que vous ne connaissez pas M. le chevalier de Lorraine?

— Monseigneur!... s'écria M. Robin, qui répara aussitôt son erreur de langue, en disant : C'est ce que je disais à ce grand prince dont j'ai parlé tout à l'heure ; demandez-moi plutôt si je connais Hippocrate et Galien, je répliquerai que j'aime mieux connaître la Nature.

Thérèse regardait d'un air préoccupé et inquiet, le comte de Vermandois, qui n'était plus pour elle M. Louis Breton, mais qui n'était pas encore un fils de roi,

Le vieux médecin avait vaincu l'opposition et la défiance du prince : il fit couler goutte à goutte entre les dents de Louise le breuvage qu'il avait préparé, et dont l'amertume produisit une légère crispation sur les traits de la malade,

— Je réponds d'elle maintenant, dit le médecin avec enthousiasme. L'accident n'aura pas de suites fâcheuses, et nous pouvons en remercier la Nature.

— Elle commence, en effet, à revenir à elle ! dit avec joie le prince.

Il fit signe à Thérèse d'emmener M. Robin, car il avait à cœur de se trouver seul avec Louise.

Mais M. Robin voulait être témoin de la cure qu'il s'attribuait, et il ne prit pas garde aux instances de Thérèse, qui l'invitait à la suivre hors de la chambre.

— Voyez ! dit-il, en admirant son ouvrage : c'est une guérison radicale, comme si quelqu'un avait sucé la plaie, au moment même où le reptile l'a faite.

— Un quart d'heure s'était peut-être écoulé, reprit simplement Thérèse, lorsque j'ai eu la bonne pénsée de sucer cette plaie !

— Quoi! vous avez eu ce courage, ma bonne Thérèse! dit le prince, ému jusqu'aux larmes.

— Quel courage? répliqua-t-elle en riant; on n'en fait jamais d'autre en Dauphiné, où nous avons des vipères qui valent bien celles de Charenton.

— Je n'avais pas encore ouï dire, reprit le médecin, en haussant les épaules, qu'il y eût à Charenton, des vipères aussi dangereuses que celles de Fontainebleau.

— Tenez, mademoiselle Thérèse ! dit le prince, ôtant de son doigt une bague de grand prix, pour la mettre au doigt de la jeune fille, ceci vous fera souvenir de votre beau dévoûment.

Mademoiselle de Chantemerle entr'ouvrait les yeux, sans distinguer encore, dans la demi-obscurité qui l'entourait, les trois personnes réunies auprès de son lit ; elle croyait rêver et ne parlait pas.

— Qu'on nous laisse seuls ! dit le comte de Vermandois, d'un ton bref qui témoignait de l'habitude du commandement.

Thérèse, qui se disposait à remercier

M. Louis Breton, tout éblouie qu'elle était des feux jaillissant de sa bague garnie d'émeraudes et de rubis, s'empressa d'obéir, et d'entraîner avec elle M. Robin, qui regrettait de ne point assister au réveil de la malade.

Celle-ci, les yeux fixés sur le prince agenouillée devant elle, n'osait pas faire un mouvement, de peur de voir disparaître ce qu'elle prenait pour une hallucination ou pour un songe.

— Chère Louise ! lui dit enfin le prince en se penchant vers elle : que j'entende au moins votre voix, pour être tout à fait rassuré !

— Je ne rêve donc pas ? reprit-elle, fondant en larmes : et c'est bien vous que j'ai revu, après une si longue et si cruelle absence ?

— C'est moi qui gémissais d'être si longtemps privé de vous voir ; c'est moi qui étais empêché par une bien déplaisante maladie, puisqu'elle me retenait loin de vous... Mais ne pleurez pas ainsi, ma Louise ! je suis revenu et ne m'en vais pas.

— Souffrez que je donne cours à mes larmes, pour soulager mon cœur ! Aussi bien parmi elles, il y a des larmes de joie ! Vous étiez donc bien malade, et je n'étais pas là pour vous soigner !

— Ne parlons pas de moi, mais de vous, chère Louise... Comment vous trouvez-vous, à présent ?

— Je me trouve bien... répondit-elle en souriant, sans que sa mémoire eût conservé la moindre trace de l'accident qui avait causé son évanouissement dans le jardin.

— Le médecin assure que nous n'avons rien à craindre pour votre santé... Quand je vous ai vue là, froide, immobile, sans connaissance, j'ai failli devenir fou de douleur !

— En effet, je me sens très faible, dit-

elle en cherchant à rassembler ses souvenirs.

— J'ai tremblé de vous perdre, ma bien-
aimée Louise, et déjà je ne tenais plus à
la vie !

— Que s'est-il donc passé ? demanda-t-
elle avec inquiétude. Oh ! je me rappelle.
Vous n'étiez pas encore arrivé ; mais j'é-
tais persuadée que vous viendriez ce soir,
et je vous attendais...

— Vous êtes allée dans le jardin, et vous
avez marché sur une vipère qui vous a
piquée.

— J'ai marché sur une vipère! s'écria-
t-elle, effrayée et surprise. Moi, dites-vous,
j'ai été piquée par une vipère? Il est vrai
que je sens ma jambe lourde et brûlante...
Oh! comme mon pied est enflé!...

—Il n'y a pas le moindre danger, mon
amie, Thérèse a sucé la plaie.

— Bonne Thérèse! interrompit-elle avec
attendrissement et reconnaissance.

— Le médecin, que j'ai fait mander en
arrivant, ne vous a pas quittée un moment
depuis deux heures, et, Dieu merci! nous
devons être tranquilles sur les suites de
ce grave accident.

— Je me souviens, en effet, reprit-elle, en renouant le fil de ses idées, je me souviens que je courais dans l'herbe, quand j'ai entendu un sifflement à mes pieds, et une vive douleur au talon...

— Je frissonne de penser que l'on vous eût retrouvée morte le lendemain, si Thérèse ne se fût éveillée au cri que vous aviez poussé en vous sentant mordue par ce serpent !

— Je serais morte bien paisiblement, je vous jure, car je ne voyais que vous dans mes rêves !

— Ce n'était pas un sommeil naturel et

bienfaisant, c'était une pesante léthargie
qui vous accablait. Le venin avait sans
doute passé dans vos veines et atteint votre
cœur dont il ralentissait les battements...
Mon Dieu ! que c'est horrible d'être présent à l'agonie d'une personne que l'on
aime !

— Vous me faites peur, Louis, en m'apprenant le danger que j'ai couru... Tâchez
plutôt que je l'oublie, comme on fait d'un
mauvais rêve... Je vous racontais donc que
j'ai rêvé de vous...

— Vous êtes-vous dit en rêvant que je
vous aimais, et que je ne voulais aimer
que vous ?

— Sans doute, puisque c'était le jour de notre mariage.

— Ah! vraiment! reprit-il, en baissant la tête et en poussant un soupir.

— Vous soupirez? Vous souhaiteriez, n'est-ce pas, que mon rêve fût déjà un fait accompli?... Ce mariage avait lieu, avec une pompe royale, dans une vaste église tendue de noir...

— Tendue de noir! répéta le prince, qui était, comme sa mère, très accessible aux pressentiments.

— Ce n'est point là, je l'avoue, une couleur de mariage, et je m'en serais attristée si ce n'eût pas été vous que je devais épouser. Mais je vous confesse que je ne pris pas garde à ces tentures de deuil, qui ne convenaient guère pourtant à la cérémonie. J'étais si joyeuse, si enivrée de mon bonheur!...

— Chère Louise! dit le prince, en lui baisant les mains : il n'est pas bon d'être si heureux en songe!...

— Pourquoi cela? Dormant ou veillant, on ne doit pas redouter d'être heureux.

— Ainsi, reprit-il tristement, ce serait

un bonheur pour vous que d'être ma femme...

— Oh! le plus grand de tous les bonheurs! s'écria-t-elle avec entraînement. Mais il y eut pourtant dans mon songe un instant d'amertume ou plutôt d'angoisse...

— J'étais trop certain que cette tenture noire n'annonçait rien de bon!

— Ce n'a été qu'un moment de chagrin : un seul de vos regards l'eut bientôt dissipé. Au moment où vous me mettiez au doigt l'anneau nuptial, j'ai vu mon père!...

— Le comte de Chantemerle! s'écria le

prince, dans la pensée duquel ce nom raviva bien des souvenirs effacés sous l'empreinte confuse et uniforme de sa maladie.

— Oui, mon père!... Vous m'avez fait dire par votre valet que vous aviez réussi dans vos démarches à l'égard du comte de Chantemerle? Je vous ai fait répondre, par le même intermédiaire, que j'étais bien impatiente de retourner en Dauphiné, pourvu que vous m'y accompagnassiez...

— Hélas! si c'eût été possible!... Mais il ne faut pas désespérer du sort... Ne faisons pas de projets, ma Louise! ajouta-t-il avec une tendresse mélancolique : laissons faire à la destinée!

Le comte de Vermandois était devenu pensif et sombre, car il ne pouvait s'empêcher d'être inquiet des événements qui auraient pu, dans l'intervalle de sa maladie, mettre en péril la tête du comte de Chantemerle, qu'il avait laissé, vingt jours auparavant, condamner à mort comme rebelle, proscrit et fugitif, mais caché en quelque retraite sûre et ignorée.

Il se demanda tout bas, avec une poignante émotion, si les lettres de grâce signées par Colbert ne serviraient plus qu'à réhabiliter la mémoire d'un mort!

Il n'avait jamais senti plus amèrement le mal que lui avait fait le chevalier de Lor-

raine, en l'entraînant dans de honteux
excès, à l'Académie de jeu des Templiers.

— Vous paraissez triste depuis que je
vous ai parlé de mon père? lui dit mademoiselle de Chantemerle.

— C'est votre rêve, chère Louise, qui
m'a tout à coup jeté du noir dans l'âme!

— Mon rêve!... ne vous ai-je pas dit que
ce rêve était excellent, puisque j'y ai vu
notre mariage?...

— Oui, mais à l'ombre de tentures de
deuil!

— Qu'importe! Ne portez-vous pas le deuil, vous-même, à cause de la mort d'une parente, m'avez-vous dit? Je vous jure que ces habits noirs ne m'ont jamais semblé de mauvais augure pour nos amours.

— C'est bien différent!... Et votre père qui s'est trouvé aussi dans ce rêve!

— Et fort à propos, je vous l'atteste, car, dans ce beau mariage, tel que je l'ai vu en songe, je n'avais pas pris la précaution d'obtenir le consentement de mon pauvre père, et j'étais fort perplexe, quand le prê-tre, qui devait nous marier, a voulu voir ce consentement par écrit. C'est alors que

le comte de Chantemerle est venu déclarer
qu'il vous avait accordé ma main...

— Ainsi, vous ne souffrez plus, Louise?
interrompit le prince, que ce sujet de conversation embarrassait et affligeait visiblement : vous n'éprouvez plus de malaise
ni de défaillance?

— Non; je suis plus faible qu'à l'ordinaire, voilà tout, dit-elle en essayant de
se lever avec l'aide du prince qui la soutenait, les oreilles me tintent et j'ai des
éblouissements.

— Je resterai auprès de vous, jusqu'à ce
que vous me disiez que vous êtes remise.

— Et si je ne vous le disais pas, pour avoir le plaisir de vous garder plus long-temps? répliqua-t-elle avec un malin et gracieux sourire, qui ne se refléta pas sur le visage du comte de Vermandois.

— Vous ne ferez pas cela, car vous savez que je viens ici en secret, et que j'ai des devoirs ailleurs.

— Des devoirs! Vous ne m'avez pas dit lesquels! Et moi, ne devrais-je pas être auprès de mon père?

— Vous y serez bientôt, peut-être, reprit-il tristement, puisque vous le voulez!

— Je le veux!... Hélas! je ne veux que
ce qui vous conviendra, et je me soumets
aveuglément à vos désirs.

— Ah! ma belle Louise, mon seul désir
est de vous rendre heureuse et de vous
voir contente!

Et les deux amants ne se souvinrent
plus de l'heure, dès qu'ils commencèrent à
s'entretenir de leur amour, que l'absence
n'avait fait qu'accroître à leur insu. C'é-
tait un pur et chaste amour, que mademoiselle de Chantemerle regardait comme
le préliminaire d'un mariage prochain, et
auquel le comte de Vermandois s'abandonnait avec délices, sans s'apercevoir

qu'il s'imposait pour l'avenir des liens difficiles à rompre, et placés déjà sous la sauvegarde de son honneur.

Cependant l'abbé Cornouaille s'était laissé conduire dans la forêt de Fontaine-bleau par Moufle, qui avait été forcé de lui obéir, mais qui n'avait jamais eu l'intention de le conduire là où se trouvait le comte de Vermandois. Moufle, au contraire, se proposait dans son for intérieur de s'échapper à la première occasion qu'il pourrait saisir, et d'aller rejoindre le prince qui l'attendait depuis deux heures à l'Ermitage de la Madeleine.

Mais l'ecclésiastique se doutait sans

doute du projet que le valet de chambre
avait hâte d'exécuter, car il le suivait de si
près que Moufle n'aurait pu s'écarter de
lui, sans s'exposer à être convaincu de
trahison et de perfidie. Moufle savait d'ailleurs quelle était l'autorité du confesseur
d'un prince, et il n'avait garde de vouloir
se mettre en lutte avec l'abbé Cornouaille.

Il était néanmoins déterminé, quoi qu'il
en dût arriver, à sacrifier tout et à se sacrifier lui-même aux intérêts de son maître; et, bien qu'il désapprouvât dans cette
circonstance la conduite du prince, il se
croyait obligé, par devoir, de la couvrir
d'un voile impénétrable, fût-ce aux dépens
de sa position et de sa fortune. Il ne se fit
donc aucun scrupule de mentir avec un

front d'airain et de déconcerter par ses
réponses évasives toutes les questions que
lui adressait l'abbé Cornouaille, en marchant à travers les bois.

Ce fut avec le même sentiment de son
devoir vis-à-vis du prince, qu'il promena
en tous sens, dans un espace assez cir-
conscrit, le pauvre abbé qui s'imaginait à
chaque instant qu'il allait tomber au milieu d'une orgie, et qu'il surprendrait le
fils de madame de La Vallière jouant et
buvant avec ses compagnons de débauche.

Moufle avait eu la précaution toutefois
de ne pas trop s'écarter du port de Valvins,

afin de pouvoir retourner promptement à l'Ermitage, aussitôt qu'il parviendrait à se séparer, comme par hasard de l'abbé Cornouaille.

Il s'était dirigé d'abord vers le rocher Cassepot, qui formait une espèce de muraille naturelle entre le coteau de la Madeleine et la partie de la forêt où il se promettait d'égarer le bon prêtre dont il était le guide.

Il eut toutefois un remords, car il se dit que la forêt n'était pas trop sûre, à cette heure de nuit, et que l'abbé Cornouaille, perdu dans les bois, sans lumière et sans armes, pourrait bien rencontrer en face de lui un malfaiteur, sinon un loup affamé.

Cette pensée arrêta Moufle, qui n'aurait eu, en déposant à terre sa lanterne, qu'à fuir et disparaître dans le fourré.

Mais, s'il se reprochait comme une mauvaise action ce plan de fuite, qui devait mettre en péril les jours de l'abbé Cornouaille, il se reprochait aussi, comme un acte de désobéissance, la non exécution des ordres du prince, et il ne tenait pas même compte pour s'excuser des obstacles de force majeure qu'il avait à vaincre.

Il était arrivé avec l'abbé Cornouaille au pied du rocher Cassepot, immense amas

de blocs de grès noir et blanchâtre, qui
s'élèvent graduellement en amphithéâtre,
et qui sont entremêlés de petits arbres
tordus et rabougris, que le caprice de la
végétation a fait sortir çà et là entre les
pierres moussues.

L'abbé crut avoir devant les yeux une
ruine de vieux château couronné de lier-
res et d'arbustes ; il espéra enfin qu'il tou-
chait au terme de son excursion aventu-
reuse.

— N'est-ce point là, dit-il, que nous
trouverons le comte de Vermandois ?

— Monsieur l'abbé, répondit Moufle, découragé et irrité, nous ferions mieux de rentrer au château !

— Je ne reparaîtrai pas devant madame la duchesse de La Vallière sans lui ramener son fils.

— En ce cas, monsieur, ainsi que je vous en ai prié, vous eussiez mieux fait d'attendre qu'il revînt...

— Écoutez, monsieur le valet de chambre ! interrompit sévèrement l'ecclésiastique, dont la patience était à bout : si nous retournons sans lui, je vous rendrai responsable de la disparition de Son Altesse,

et j'insisterai pour que vous soyez dépos-
sédé de votre emploi.

— Ah ! monsieur l'abbé, m'a-t-on donné
à garder Son Altesse ?

— Taisez-vous ! s'écria l'abbé avec indignation : vous parlez comme Caïn à qui
le Seigneur demandait ce qu'il avait fait
de son frère Abel.

— Entendez-vous dire par là, répondit
Moufle, qui se sentit outragé par cette
comparaison biblique, entendez-vous dire
que j'aurais attenté à la personne de Son
Altesse Royale !

— Je crois plutôt que vous donneriez votre vie pour sauver la sienne.

— Je donnerais plus que ma vie, monsieur ! reprit Moufle, dont les yeux étaient pleins de larmes, et qui eût voulu se justifier à tout prix d'un soupçon qu'il regardait comme une injure.

— Encore une fois, monsieur, je ne doute point de votre dévoûment à la personne du prince. Voilà pourquoi je vous ai prié, je vous prie encore d'avertir M. le comte de Vermandois que sa mère l'attend et lui ordonne de venir.

— Comment, monsieur l'abbé, ne comprenez-vous pas que je n'ai aucun droit sur les volontés de Son Altesse, non plus que sur ses actions ? Ne me tiendriez-vous pas pour un serviteur infidèle et traître, si je divulguais un secret que mon maître m'a confié ?

— Je ne vous demande pas aussi la révélation de ce secret, quel qu'il soit : je vous demande de faire en sorte que M. le comte de Vermandois sache le retour de sa mère à Fontainebleau !

— Son Altesse le saura tout à l'heure, si vous me permettez de m'éloigner...

— Je vous demande d'avoir égard à la

douleur de cette pauvre mère, qui ne sait ce qu'elle doit craindre le plus, de la mort ou du déshonneur de son fils !

Ces paroles avaient été prononcées avec beaucoup de véhémence, et la voix imposante de l'abbé Cornouaille retentissait dans le silence des bois, en éveillant des échos qui semblaient lui répondre de tous côtés.

Un gémissement se fit entendre, à peu de distance, derrière les broussailles qui hérissaient les abords du rocher Cassepot. Ce gémissement ne pouvait être que la plainte d'un être humain qui souffrait.

— Grand Dieu ! s'écria le prêtre, avec

l'accent de la prière : garde le fils et aie pitié de la mère !

— N'ayez pas de crainte, monsieur l'abbé ! dit Moufle, qui sentait le besoin de se rassurer lui-même : ce ne peut pas être le comte de Vermandois.

Un nouveau gémissement, plus faible que le premier, partit encore du même endroit. On vit alors une masse noire qui se mouvait lentement entre les blocs de granit.

Moufle avait aperçu le premier cette ombre errante, qu'il prit pour une bête fauve et qu'il fit remarquer à l'abbé en lui montrant de la main.

Le prêtre, sans manifester aucune crainte, invoqua l'assistance céleste, et Moufle, tirant un long poignard qu'il portait sous sa veste, s'avança de quelques pas avec précaution, en dirigeant le rayon lumineux de sa lanterne sur cet objet indistinct, qui était devenu tout à coup immobile.

Moufle s'approcha encore et reconnut un homme agenouillé, les mains jointes et la face tournée vers le ciel.

— Qui vive ? s'écria-t-il avec force, sans que cet homme fît un mouvement.

Il réitéra plusieurs fois cette interpellation , en s'approchant toujours ; mais il n'obtint aucune réponse, si ce n'est que le gémissement qu'il avait entendu deux fois de suite se renouvela deux fois encore, plus lugubre, plus lamentable, plus effrayant.

— Il y a là un homme qu'on vient d'assassiner ! dit tout haut l'abbé Cornouaille, qui eut bientôt dépassé Moufle et qui s'arrêta en face de l'étrange et mystérieux personnage, qu'il accusait d'être l'auteur d'un crime.

Celui-ci, dont la tête chauve et le visage pâle recevaient directement le reflet jaune de la lanterne de Moufle, restait toujours immobile et muet.

— Qui êtes-vous? lui demanda l'abbé Cornouaille. Quel est le malheureux qui se plaint?

— Seigneur, Seigneur! dit l'inconnu d'une voix éclatante, que ton saint nom soit béni dans les siècles des siècles!

L'abbé Cornouaille n'en croyait pas ses oreilles : cette voix était allée au fond de son cœur; cette voix qui le remplissait d'une douce et tendre émotion, c'était celle de son frère.

Alors, une autre voix, lente et plain-tive, s'exhala d'une espèce de caverne,

que des buissons de houx couvraient d'une
barrière impénétrable.

— Je suis las de crier, disait cette voix :
mon gosier est asséché, mes yeux sont
consumés, tandis que j'attends après mon
Dieu !

— Jérémie, est-ce toi? dit l'abbé Cornouaille, franchissant la faible distance
qui le séparait de son frère aîné.

— N'est-ce pas un miracle qui nous
réunit l'un à l'autre? répondit le pasteur
protestant, qui s'était relevé pour recevoir
dans ses bras le prêtre catholique.

Ils se tenaient tous deux embrassés et ils confondaient leurs larmes de joie fraternelle.

La voix gémissante, qui avait récité un verset d'un psaume de David, psalmodia d'autres versets du même psaume :

« Le zèle de ta maison m'a rongé, et les outrages de ceux qui t'outrageaient sont tombés sur moi. Et j'ai pleuré en jeûnant ; mais cela m'a été tourné en opprobre. J'ai aussi pris un sac pour vêtement, mais je leur ai été un sujet de raillerie. Ceux qui sont assis à la porte discourent de moi, et je sers de chanson aux ivrognes. »

— Qui répète de la sorte les paroles

du psaume LXIX? demanda vivement l'abbé Cornouaille, que cette voix dolente troublait dans son bonheur de revoir son frère.

— C'est un de mes compagnons d'infortune et de persécution, répondit le pasteur en baissant la voix. N'y a-t-il pas ici quelqu'un qui pourrait nous entendre et nous trahir?

— Non, mais parlez bas! reprit l'abbé en se tournant du côté où devait être Moufle, qu'il ne vit plus.

— Le comte de Chantemerle est avec

moi ! dit Jérémie Cornouaille, en se penchant à l'oreille de son frère.

— Le comte de Chantemerle ! Mais que fait-il, que faites-vous dans cette forêt ?

— Nous y cherchons un asile que les hommes nous refusent, et que les bêtes féroces ne nous disputent pas !

— N'étiez-vous pas en sûreté dans nos montagnes du Dauphiné, puisque le roi a signé une amnistie pour tous les protestants ?

— Le comte de Chantemerle et moi, et

tant d'autres de mes frères en Christ, nous sommes exceptés dans cette amnistie et condamnés à être mis à mort comme rebelles !

— Dieu soit loué ! mon frère. L'aministie est générale, et votre grâce a été spécialement accordée, aussi bien que celle de M. de Chantemerle. Réjouissez-vous donc, mon frère !

— Que je me réjouisse, mon frère ; quand les temples du Seigneur sont mis au pillage, brûlés et rasés ! quand nos frères en Christ sont chassés de la maison de Dieu, insultés, torturés, martyrisés !

— Jérémie, je me charge de vous mettre en lieu sûr, interrompit le prêtre, jusqu'à ce que les lettres de grâce qui vous
concernent aient reçu leur plein et entier
effet.

— Et M. de Chantemerle ?... C'est un
saint et un martyr qui supporte avec foi
et patience les épreuves que Dieu lui envoie.

— M. de Chantemerle permettra que je
veille sur lui comme sur vous-même, mon
frère ; M. de Chantemerle a été le bien-
faiteur de notre famille...

— Comme celui de tous les habitants de

Saou. Ah ! si vous l'aviez vu, ce digne et brave gentilhomme, quand il essayait de défendre notre temple contre les dragons de M. de Saint-Rhu !...

— Mon frère, interrompit doucement l'abbé Cornouaille, il me semble que vous ne serez nulle part en sûreté, que dans le château royal de Fontainebleau.

— Le château de Fontainebleau ? repartit Jérémie avec surprise et dédain. Ce n'est point la place d'un ministre du saint Évangile et d'un chef des huguenots dauphinois.

— Ne vous souciez pas de l'endroit où

je vous mène, pourvu que vous y soyez à l’abri..... St nous étions à Paris, mon frère, vous n’auriez eu rien à craindre dans ma paroisse de Saint-Eustache?

— N’êtes-vous donc plus vicaire de l’église de Saint-Eustache, mon frère?

— Je suis maintenant, depuis quelques heures seulement, directeur de conscience, confesseur de Son Altesse Royale M. le comte de Vermandois.

Jérémie Cornouaille poussa un profond soupir et eut l’air de se consulter tout bas.

— Eh bien! mon frère, dit l’abbé,

avertissez M. le comte de Chantemerle, et suivez-moi!

— Je me demande, murmura le vieux huguenot, si cette forêt n'est pas un lieu plus agréable au Seigneur que le palais du roi, son ennemi et notre persécuteur...

— Hâtons-nous, mon frère! répliqua le prêtre catholique avec une bonté persuasive. Vous serez là sous la protection d'une sainte femme, madame la duchesse de La Vallière!

— Ne me parlez pas de cette adultère! s'écria Jérémie Cornouaille d'un accent indigné.

— Où donc est M. le comte de Chantemerle? disait l'abbé, qui le cherchait à
travers les branches de houx et qui se dé-
chirait les mains aux épines.

— Il s'est blessé cette nuit en tombant
dans un fossé, et j'ai dû le porter jusqu'ici
dans mes bras.

— Je vous reconnais bien là, mon
frère!... Mais, à présent, vous n'avez plus
le droit de garder pour vous seul toute la
peine et toute la récompense : la moitié
m'en appartient ici-bas et là-haut.

— Jérémie! dit le comte de Chante-

merle, qui venait d'entendre l'offre géné-
reuse de l'abbé Cornouaille ; je vous ad-
jure de me laisser ici sous la main du Seigneur, qui ne m'abandonnera pas.

— Monsieur le comte ! répondit l'abbé
qui ne voyait pas encore le gîte où il s'é-
tait blotti : mon frère et moi, nous vous
porterons ensemble et vous prierez avec
nous.

Et comme il pensait que Moufle pouvait
lui être utile dans le transport du blessé
au château, il appela le valet de chambre
qu'il croyait retrouver à quelques pas derrière lui.

Mais la lanterne était posée à terre, et Moufle avait disparu, en laissant près de la lumière un des cordiaux qu'il apportait à l'Ermitage de la Madeleine.

IX

La chasse au loup.

Le jour avait paru depuis plus d'une heure, quand le comte de Vermandois, cédant aux prières et aux représentations respectueuses de son valet de chambre, se décida enfin à se séparer de Louise de

Chantemerle et à quitter l'Ermitage de la Madeleine.

L'état de la malade, il est vrai, ne devait plus inspirer aucune inquiétude : grâce à la bonne inspiration que Thérèse avait eue de sucer la plaie, le venin de la morsure était resté presque inoffensif, et les symptômes fâcheux, qui s'étaient montrés un moment, avaient bientôt disparu sans menacer de se reproduire.

Le prince pouvait donc, sans imprudence, congédier le médecin, dès que Moufle revint avec les cordiaux qui n'étaient plus nécessaires.

Moufle arrivait hors d'haleine à travers

bois, mais il ne s'expliqua pas sur les obstacles qui s'étaient opposés à son retour
immédiat.

Il essuya en silence les reproches de
son maître, et, il emmena aussitôt M. Robin, auquel il banda les yeux pour le faire
sortir de la maison, avec les mêmes pré-
cautions qu'il avait prises en l'y faisant
entrer.

— Monsieur Robin, lui dit-il, quand ils
furent engagés à trois cents pas de l'Ermitage, dans un sentier couvert qui con-
duisait au rocher Cassepot, j'aime à croire
que vous avez oublié ce que vous avez vu
et entendu dans le lieu où nous étions
tout à l'heure ?

— Monsieur, répondit le médecin, M. le comte de Vermandois a ma parole.

— Vous ne gagneriez rien, d'ailleurs, à mal gouverner votre langue, reprit Moufle en lui rendant l'usage de la vue. Mais votre tâche n'est pas finie, et vous aurez encore une belle occasion de prouver que vous êtes discret.

— Disposez de moi, monsieur Moufle, car j'entends bien que vous agissez d'après les ordres de Son Altesse.

— Tenez, monsieur Robin, là-bas, devant nous, né distinguez-vous pas une faible lumière?

— J'ai de bien mauvais yeux, monsieur Moufle, et la faute en est à mon âge.

— Eh bien ! vous irez droit à cette lumière, et vous trouvez un homme blessé...

— Un homme blessé ! s'écria M. Robin, en faisant un bond de surprise.

— Blessé ou malade, n'importe. Il est possible qu'on ait besoin de votre aide...

— Mais, monsieur Moufle, ne venez-vous point avec moi jusque-là ?

— Non, je vous laisserai aller seul,

quand nous serons assez près pour que vous aperceviez la lumière de la lanterne...

— Ah! c'est une lanterne? interrompit M. Robin, qui n'était nullement rassuré.

— Vous direz que je vous ai rencontré dans le bois, revenant de visiter un malade et que je vous envoie à M. l'abbé Cornouaille, confesseur de Son Altesse...

— Le confesseur de Son Altesse a été blessé!.... disposez de moi, monsieur Moufle!

— Il est bien convenu que vous ne sa-

vez rien de plus, et je vous invite expressément à garder pour vous seul ce que
vous viendrez à savoir... Voyez-vous briller la lanterne ?

— Oui, monsieur; il y a deux personnes, peut-être trois, qui paraissent im-
mobiles sur place.

— Rappelez-vous le nom de M. l'abbé
Cornouaille, et dites que vous venez de
ma part, donner des soins à un homme
blessé. Voilà tout ce que vous avez à dire.

Et Moufle s'enfuit à toutes jambes, laissant le médecin fort perplexe et tout in-

trigué de l'étrange commission qui lui était confiée, d'une manière si mystérieuse, au nom du comte de Vermandois.

Le valet de chambre du prince avait espéré, en retournant à l'Ermige de la Madeleine, que son maître se hâterait de rentrer au château ; mais celui-ce était encore dans la chambre de mademoiselle de Chantemerle, et Moufle fut obligé, deux heures durant, de tenir compagnie à Thérèse.

Thérèse, comme d'habitude, l'assaillit de questions, et ne manqua pas de lui dire qu'elle avait remarqué que le médecin traitait de *monseigneur* M. Louis Breton.

— Les médecins n'en font jamais d'autre ! repartit Moufle en affectant de rire de cette qualification ; ils voient des marquis et des princes chez tous ceux qui les paient bien.

— Mais il me semble que M. Breton ne l'a pas payé ? Je ne doute pas, en effet, qu'il ne le paie en grand seigneur, si j'en juge par cette magnifique bague qu'il m'a donnée...

— Elle est assez jolie, reprit Moufle avec un air d'indifférence, pourvu que les pierres ne soient pas fausses.

Le comte de Vermandois était donc sorti

de l'Ermitage, lorsque la forêt, encore enveloppée de la fraîcheur nocturne, commençait à s'animer et à resplendir aux rayons d'un beau soleil levant d'automne.

Les clairières étaient pleines de vapeurs où se jouait la lumière irisée du matin; les grands arbres secouaient doucement leurs feuillages chargés de rosée.

Le prince, absorbé dans ses réflexions, marchait lentement, la tête basse, l'air triste et soucieux, quoiqu'il sentît au fond de l'âme le bonheur d'aimer et d'être aimé.

Moufle suivait silencieusement le comte

de Vermandois, sans oser interrompre une rêverie dont il devinait la cause ; mais, néanmoins, il guettait l'instant où il pourrait se faire écouter.

— Monseigneur, lui dit-il, au détour d'une allée, madame la duchesse de La Vallière est au château...

— D'où sais-tu cela ? reprit le prince, que cette nouvelle attrista visiblement.

— J'ai eu l'honneur de la voir et d'être interrogé par elle, au sujet de l'absence de Votre Altesse.

— Comment ! s'écria le comte de Ver-

mandois, qui s'arrêta, indécis et décon-
certé. Qu'as-tu répondu ?

— Que Votre Altesse ne m'avait pas dit
où elle allait, et que je n'avais pas à m'en-
tremêler des secrets de Votre Altesse !

— Mais que répondrai-je, moi, quand
elle m'interrogera sur la cause de cette
absence nocturne?

— Je suis fort en peine, je l'avoue, de
la réponse que vous devez faire, monseigneur; car il est difficile d'imaginer un
prétexte qui puisse motiver votre sortie
du château, à cette heure de nuit...

— Il n’y a que deux personnes qui aient
autorité pour m’adresser une question à
cet égard : ma mère et le roi.

— Votre Altesse doit s’attendre à être
questionnnée là-dessus par ces deux personnes, car tout le monde a su ou saura
que Votre Altesse n’était pas cette nuit dans
son appartement.

— Il serait peut-être habile de ne pas
rentrer encore au château et de rester caché à la Madeleine?

— Votre Altesse n’y serait pas cachée
longtemps, car on fouillerait la forêt et
toutes les maisons des environs à dix lieues

à la ronde... Il y aurait, d'ailleurs, de l'inhumanité à laisser une mère dans de si douloureuses angoisses.

— Voilà qui me décide à revenir, coûte que coûte. Ma pauvre mère me pleure déjà comme mort?

— Je vous assure, monseigneur, qu'il faudrait être de bronze pour ne pas se sentir touché d'une telle affliction.

—Eh ! pourquoi ne m'avertissais-tu pas plus tôt? Je n'eusse pas si longtemps tardé!

— Il eût fallu pouvoir vous approcher,

monseigneur, et vous parler sans témoin.

— Conseille-moi, maintenant, et donne-
moi quelque moyen de sortir d'embarras?

— Aurez-vous la force de vous fermer
la bouche et de ne pas répondre aux questions qu'on vous fera?

— C'est chose épineuse et délicate que
de se retrancher dans un silence absolu,
car on interprétera ce silence comme l'aveu
tacite d'un fait coupable... Ne pourrais-tu
pas t'en retourner seul à Fontainebleau et
dire que j'ai fait une chute de cheval ou
que le carrosse où j'étais s'est brisé?

— Oui, monseigneur, mais on voudra
savoir ce que vous alliez faire, à cheval ou
en carrosse, par la forêt au milieu de la
nuit.

— Si tu disais que je suis parti pour
Paris et que je t'ai prié, en partant, de ne
pas me suivre ?

— On croira, certainement, monseigneur, que vous faites ce voyage, pour
ouer dans une Académie de Templiers.

— Fi donc ! ce serait me déshonorer
que de m'exposer à de tels soupçons... Çà,
que ferais-tu à ma place ?

— A votre place, monseigneur, je ne craindrais rien tant que de ne pas dire la vérité.

— Tu veux, interrompit le comte de Vermandois avec impatience, tu veux que j'aille déclarer les raisons qui m'ont fait sortir du château et qui m'ont tenu absent toute la nuit.

— Votre Altesse me comprend mal : je dis seulement qu'un fils de France, ne peut, par respect pour lui-même, se couvrir à l'aide d'un mensonge. -

— Je te sais bon gré, Moufle, de me donner un avis digne de moi. Voilà mon

parti pris : quoiqu'il m'en coûte de ne
point obéir à ma mère, quoique je puisse
encourir d'une manière terrible la disgrâce du roi, je ne chercherai point à me
justifier au prix d'un mensonge, et je me
couperais la langue avec les dents plutôt
que de mentir comme un laquais.

L'approche de deux personnes qui mar-
chaient lentement dans l'épaisseur du bois,
mit fin à la conversation du comte de
Vermandois avec son valet de chambre.

Ils s'arrêtèrent, ils écoutèrent les pas
et les voix qui venaient de leur côté, à travers le feuillage. On distinguait une voix
de femme, claire et sonore, une voix
d'homme, sourde et voilée.

— Vous avez voulu voir une de mes chasses au loup et vous la verrez, disait l'homme, mais à la condition expresse que vous ne vous montrerez pas et que nul ne soupçonnera qui vous êtes.

— Le beau passe-temps que ce sera de voir, à cinquante pas, la bête, les chiens et les piqueurs !

— Vous m'avez promis, en récompense, de danser pour moi la danse des Matachins et de chanter la Brédouille en vous accompagnant de l'épinette.

— Ce n'est point assez, n'est-ce pas, que

de m'avoir déguisée en page ou en valet de chiens? Si vous le pouviez faire, vous me cacheriez dans quelque taupinière pour que je fusse invisible à tous les yeux !

— Ingrate que vous êtes ! Plus on s'efforce de vous faire plaisir, moins on réussit à vous contenter.

— J'ai lieu d'être contente, vraiment, quand vous me gardez toujours en charte privée !

— N'avez-vous pas tout ce qu'il faut pour passer le temps agréablement : votre musique et votre épinette, des confitures

et des pâtisseries, des romans et des comédies?...

— Oui, oui, reprit la femme qui se mu-
tinait, tout cela ne vaut pas la liberté!
Faut-il vous dire quelle sera la fin de notre
histoire? Ma mère me battra, Raisin ne
voudra plus m'épouser et les comédiens
me remercieront. Oh! si je vous dois cette
mauvaise chance, vous en serez le mauvais marchand!

— Calme-toi, Fanchon!... Vous épou-
serez Raisin; votre mère ne vous battra
pas, et les comédiens se donneront garde
de vous remercier, mais ne me troublez
plus de vos clameurs et de vos colères.

— Sur ma foi! monseigneur, ne revenons pas sur la querelle d'hier soir.

— Oui, vous me menaceriez encore de vous enfuir et d'aller vous jeter dans un puits!

— Point, monseigneur; je ne me jeterai pas dans un puits, mais je vous laisserai mourir d'ennui.

Les deux interlocuteurs étaient arrivés si près de la route, que le comte de Vermandois voyait briller entre les feuilles des arbres l'aigrette de diamant que le Dauphin portait toujours à son chapeau.

Il avait reconnu la voix du Dauphin, mais il devinait que cette voix de femme, qu'il entendait pour la première fois, ne pouvait être que celle de la comédienne qui logeait secrètement dans une tourelle de la cour du Donjon.

Tout à coup les sons du cor, retentissant au loin dans la direction du village de Moret, annoncèrent que la bête était lancée, et que les chiens la poussaient du côté de la rivière.

— La chasse passera par ici! dit le Dauphin en écartant les branches qui devenaient plus touffues sur la lisière de la route : dès que vous aurez vu la bête poursuivie par mes équipages de chasse, vous vous déclarerez satisfaite et rentrerez au gite.

— Avez-vous peur que je me change en biche et que je m'échappe parmi les halliers?

Le Dauphin sortit à mi-corps du taillis en tendant la main à un petit page qui sautillait d'un air vif et mutin derrière lui.

C'était pour trouver un point d'appui que le Dauphin cherchait la main du page, car il avait sans cesse peur de tomber en marchant, et il se faisait soutenir par quel-

qu'un, pour peu que le terrain ne fût pas
très uni.

Il avait failli vingt fois perdre l'équi-
libre en traversant, avec son petit page,
un fourré de la forêt, tandis que le chevalier de Lorraine, qui l'accompagnait,
était allé donner un ordre au capitaine
des chasses.

Le Dauphin, qu'on appelait *monseigneur*
à la cour, avait alors vingt-un ans, étant
né le 1er novembre 1661 ; les cinq années
qu'il comptait de plus que le comte de
Vermandois ne lui avaient pas donné l'apparence d'un âge supérieur à celui de son
frère naturel.

Il était plus grand et plus gros que ce dernier, sans doute ; mais sa démarche vacillante, sa contenance embarrassée, sa physionomie indécise, sa parole lente, témoignaient d'une excesssive timidité et d'une faiblesse à la fois physique et morale.

Il ressemblait, d'ailleurs, beaucoup au roi : il en avait tous les traits, quoique son visage, fortement coloré, ne reflétât jamais l'expression noble et fière qui caractérisait celui Louis XIV.

Cette déchéance du sang paternel se manifestait dans toute l'habitude de son corps ; il portait souvent la tête basse, il courbait le dos, il trébuchait à chaque pas, il hésitait toujours.

L'admirable éducation que Bossuet et Fléchier avaient essayé de lui donner sous la surveillance du duc de Montausier, ne laissait aucune trace de culture dans son esprit lourd, épais et stérile.

Depuis le jour où il s'était vu enfin délivré de ses précepteurs, il n'avait plus ouvert un livre, et sa mémoire ne conservait rien de ce qu'il avait eu tant de peine à apprendre. Il était absolument dénué d'intelligence, et il ne se piquait même pas d'en avoir.

Ses sentiments et ses idées manquaient

de générosité et d'élévation ; ses goûts et
ses mœurs, de dictinction et de conve-
nance. Il avait des vices et des défauts
indignes de sa naissance et de sa destinée
royale : gourmand jusqu'à la goinfrerie ;
parcimonieux jusqu'à l'avarice ; égoïste
jusqu'à l'ingratitude ; du reste, doux par
paresse, inoffensif par insouciance ; souple
et malléable par défiance de lui-même.

La femme, habillée en page, qui le suivait, était d'une taille si exiguë, qu'on aurait dit un enfant : sa physionomie mobile
et capricieuse, son regard prompt et hardi, son geste pétillant, sa voix brève et
criarde, trahissaient la spontanéité et la
résolution de son caractère qui exerçait
un empire illimité sur le Dauphin.

Elle était fort jolie, ou plutôt sa figure piquante et originale, qui accusait le type bohémien, possédait une puissance invincible de séduction, sans offrir aucune des conditions essentielles de la beauté.

Elle avait la peau jaunâtre, les cheveux presque crépus, la bouche grande demesurément, le nez crochu, les yeux à fleur de tête, mais ces yeux noirs étaient pleins de feu, cette bouche était ornée de belles dents blanches, ces yeux brillaient comme du jais, cette peau avait des reflets dorés et argentins.

Quant à son petit corps, c'était la perfection de la forme dans les proportions les plus mignonnes.

Elle portait son costume de page avec tant d'aisance et de bonne grâce, qu'on pouvait juger qu'elle s'était montrée déjà plus d'une fois sous des habits d'homme.

Le comte de Vermandois, qui aurait eu le temps de continuer sa route sans rencontrer le Dauphin, se fit, au contraire, un malin plaisir d'aller au-devant de lui.

— Holà ? monseigneur ! lui cria-t-il à pleine voix : où allez-vous si grand matin ?

Le Dauphin, en levant les yeux, n'eut pas plutôt aperçu le comte de Vermandois, que son premier mouvement fut de battre en retraite et d'échapper à une explication difficile : il fit semblant de n'avoir rien à répondre, et il voulut rentrer dans le taillis.

Mais sa compagne, fixant sur le comte de Vermandois un regard perçant et assuré, éclata de rire et parut jouir de l'embarras du Dauphin, qu'elle refusait de suivre, et qui fut obligé de revenir se placer devant elle, comme pour l'empêcher de voir et d'être vue.

— Monsieur ! reprit le Dauphin, qui rougissait jusqu'aux oreilles, passez votre chemin et laissez-moi !

— Vous avez là un joli page? répliqua le prince, avec une grimace narquoise.

— Monsieur! dit le Dauphin, qui se sentit troublé d'une pensée de jalousie : il me semble que vous vous attachez un peu trop à mes pas depuis la nuit dernière!

— Il n'est pas prudent, monseigneur, d'aller au bois avec un seul petit page, quand on s'en va courre le loup. Je m'en vais emmener, s'il vous plaît, ce petit garçon, et je vous donnerai, à la place, mon premier valet de chambre, qui vous sera de meilleure assistance.

— Vous vous moquez des gens! repartit, en balbutiant, le Dauphin, qui tenta encore de s'éloigner, et qui fut retenu par son page, qu'il s'indignait de voir en butte à des railleries équivoques.

— Hé! demeurons céans! dit avec gaîté cette femme déguisée, qui n'avait garde de faire mauvaise mine à un beau gentilhomme. Avez-vous peur, objecta-t-elle en faisant une moue au Dauphin qu'on m'emmène malgré moi?

— Je voudrais bien savoir, monsieur, d'où vous venez à cette heure? dit le Dauphin, qui s'orientait et se consultait pour découvrir de quelle partie de la forêt le comte de Vermandois était arrivé droit à lui.

— Ne voyez-vous pas que je vous suis
à la piste depuis hier soir ! dit le comte de
Vermandois.

— Est-il possible ! s'écria le Dauphin,
qui était bien près d'ajouter foi à cette
plaisanterie.

— Certainement, et je sais maintenant
pourquoi vous résidez à Fontainebleau
plus volontiers qu'à Meudon.

— Mais, reprit naïvement le Dauphin,
qui se ravisait, on prétend que vous n'avez
point passé la nuit au château...

— Qui dit cela ? interrompit le prince,

un peu décontenancé. Je croyais n'avoir
pas quitté, de toute le nuit, la cour du
Donjon?

— Je me rappelle, dit malicieusement
le faux page, avoir remarqué un homme
qui se promenait sous ma fenêtre au clair
de lune...

— Bon, il n'y avait pas de clair de
lune! répliqua le Dauphin qui cherchait
à se rassurer. Quoi qu'il en soit, ce n'est
pas mon affaire, mais la vôtre! ajouta-t-il
d'un ton bourru, en lançant un coup d'œil
fauve et traître au comte de Vermandois.
On découvrira peut-être dans la forêt une
Académie de Templiers...

— Je vous engage, monsieur, à en écrire au roi, pour que Sa Majesté m'envoie sa malédiction.

— Le roi, monsieur, ne se soucie pas plus de ce que vous faites, que si vous étiez le dernier de ses sujets !

— Il y a longtemps que vous me desservez auprès du roi, monsieur, mais prenez garde !

— Que je prenne garde ! En vérité, c'est passer toutes les bornes ! Pensez donc, monsieur, à ce que je suis et à ce que vous êtes.

— Écoutez-moi, monsieur ! si vous vous obstinez à me calomnier auprès du roi, je me plaindrai à Sa Majesté.

— Plaignez-vous tant qu'il vous plaira, mais ne vous avisez plus de m'épier...

— Vous épier ! s'écria le prince, dont le ressentiment augmentait la colère. Ainsi, vous me traitez d'espion ?...

Moufle, qui avait suivi avec anxiété les péripéties de cette altercation, qu'il eût voulu pouvoir empêcher, se hâta d'intervenir entre les deux frères, pour la faire cesser avant qu'elle n'allât plus loin.

— Monseigneur, dit-il au comte de Vermandois, madame votre mère vous demande et vous attend.

— Séjournerez-vous longtemps à Fontainebleau, monsieur? reprit le prince, que le nom de sa mère avait calmé aussitôt, mais dont la haine s'était accrue à l'égard du Dauphin.

— Non, monsieur; je partirai tautôt après la chasse, répondit le Dauphin, encore ému de la querelle où il s'était vu presque menacé et provoqué par son frère. Vous êtes d'une incroyable violence, monsieur...

— Vous prenez mal la raillerie, mon-

seigneur. Tenez pour certain que je n'ai
pas eu l'intention de vous offenser...

— Soit, monsieur ; je suis content de
voir, en vous faisant mes adieux, que votre santé est remise en bon état.

Et le Dauphin, qui voulait mettre fin à
ce colloque, salua le comte de Vermandois et se renfonça dans le bois, en atti-
rant après lui le petit page, qui aurait dé-
siré continuer l'entretien pour son propre
compte.

Le comte de Vermandois, irrité et contrarié, avait à peine fait quelques pas en
avant pour gagner son carrosse, qui était

remisé depuis deux heures du matin dans un fourré épais, qu'il se sentit atteint d'une faiblesse soudaine et qu'il fut sur le point de s'évanouir.

Moufle courut à lui, en le voyant chanceler ; il le soutint dans ses bras et l'appuya contre un arbre, où le prince resta debout, les membres tremblants, les yeux couverts d'un nuage, la bouche remplie d'écume. Les émotions et les fatigues de cette longue nuit avaient dépassé les forces d'un convalescent.

— Monseigneur, appellerai-je? disait le valet de chambre, effrayé de cette défaillance. Monseigneur le Dauphin n'est pas loin d'ici, et d'ailleurs il y a du monde dans la forêt.

— Tais-toi! reprit le comte de Vermandois d'une voix entrecoupée. Ce n'est rien!... cette rencontre m'a fait du mal... Oh! j'ai là un ennemi bien dangereux!... Je ne lui ai pourtant rien fait!...

— Le carrosse est à quelques pas d'ici, monseigneur; je vais crier au cocher qu'il vienne!...

— Dieu me damne! dit une voix goguenarde et ricanante, qui partait de l'autre côté de la route : est-ce un fantôme qui nous apparaît? Est-ce l'âme ou le corps de M. le comte de Vermandois?...

A cette voix, le prince avait rouvert les yeux; Moufle avait tourné la tête.

C'était le chevalier de Lorraine qui, en allant rejoindre le Dauphin, s'était trouvé tout à coup en présence du comte de Vermandois que soutenait son valet de chambre.

— Eh! de par tous les diables! monseigneur, dit le chevalier en traversant la route pour s'approcher du prince, êtes-vous malade ou plutôt ne seriez-vous pas ivre?

— Monsieur!... interrompit sèchement
le prince, qui avait repris ses sens et qui
paraissait être dans son état ordinaire de
santé, sauf la pâleur de son visage amai-
gri, et le frémissement de tout son corps.

— Sur ma foi ! monseigneur, dit le chevalier de Lorraine, on avait fait courir le
bruit, hier soir, que vous touchiez à l'a-
gonie...

— Et vous en étiez bien réjoui, vous et
les vôtres, sans doute ?

— Monseigneur, répliqua effrontément
le chevalier, je ne crois à la mort des

princes que quand je les vois couchés sur leur lit de parade, le visage découvert.

— Vous me voyez debout, le visage découvert, monsieur, et vous pourrez rendre témoignage que je ne suis pas mort.

— Je m'étonne seulement, monseigneur, que l'agonisant d'hier soit sur pied, dans la forêt, au point du jour ?... Il faut qu'une bonne fée vous ait fait boire de l'eau-de-vie...

— Ne raillez pas, monsieur, car, tout prince royal que je sois, je vous prierais de mettre l'épée à la main...

— Oh! monseigneur, quel honneur ce serait pour moi et pour ma postérité !

— C'est un honneur qu'on peut vous faire, monsieur, dès que vous serez prêt à le recevoir.

— Je suis toujours prêt, monseigneur, pourvu que quelqu'un de vos officiers veuille bien représenter Votre Altesse Royale... Mais, auparavant, n'avons-nous pas un autre compte à régler ensemble ?

— Quel compte, monsieur ? répliqua vivement le prince dont les joues se couvraient de rougeur.

— Un compte de jeu, monseigneur : ce compte que je vous ai fait remettre respectueusement...

— On ne m'a rien remis, je n'ai rien vu, monsieur !... Si je dois, je paierai !

— Je n'en ai jamais douté, monseigneur, mais, comme mes amis m'ont chargé de réclamer ce que leur doit Votre Altesse, je me trouve fort impatient de les satisfaire.

— Enfin, monsieur, que je sache ce qu'on réclame, et je m'efforcerai de m'acquitter.

— Il ne faut guère qu'un million, monseigneur, pour solder vos dettes de jeu !

— J'ai hâte d'être quitte, monsieur, afin
de pouvoir dire librement ce que j'en
pense !

Le bruit de la chasse se faisant entendre
de plus près, le chevalier de Lorraine ne
pouvait pas tarder davantage à rejoindre
le Dauphin ; le comte de Vermandois était
impatient de rentrer au château.

— Adieu, monseigneur ! lui dit le chevalier de Lorraine, ne soyez point ingrat
envers le jeu et le vin. Ce sont eux qui

vous ont fait homme, et ce que je vous souhaite, c'est de boire, c'est de jouer encore, sans perdre votre argent ni votre raison.

Le comte de Vermandois lança un regard de mépris au chevalier de Lorraine et le quitta brusquement, en évitant de lui répondre.

— Cet homme me fait horreur! dit-il à Moufle : il porte avec lui la contagion du crime!

Cependant on n'avait pas de nouvelles du comte de Vermandois au château, et la duchesse de La Vallière, qui avait passé la nuit dans l'appartement de son fils, en l'attendant, commençait à craindre qu'un malheur ne lui fût arrivé.

Dès le point du jour, un courrier était venu de Versailles avec des lettres du roi pour madame de La Vallière. Louis XIV envoyait à l'abbé Cornouaille sa commission de confesseur et directeur de conscience du comte de Vermandois.

En même temps, il écrivait, en style officiel, à la mère de ce prince, qu'il ferait droit à la requête qu'elle lui avait adressée, et qu'il fournirait bientôt au jeune homme une occasion de réparer avec éclat ses torts de jeunesse.

A cette lettre froide, sévère et compas-
sée, était joint un mandat de la somme
d'un million à toucher, en espèces son-
nantes, chez le trésorier de France. Le roi
payait les dettes de jeu du comte de Vermandois.

Madame de La Vallière fut profondément attristée du ton glacial et cérémo-
nieux de la lettre que le roi lui écrivait ;
elle était seule ; elle pleura, en tenant cette
lettre sous ses yeux, et en cherchant à
douter que le roi l'eût signée.

Cette douleur mystérieuse, dont elle ne
s'avouait ni l'origine, ni la portée, fit di-
version, pendant deux heures, à ses angoisses de mère.

Dans le cours de ses réflexions et de ses amertumes, elle en vint à reprocher à son fils de lui avoir aliéné le cœur du roi.

Avant que le comte de Vermandois fût revenu, elle s'était décidée à retourner dans son couvent et à n'en plus sortir jusqu'à sa mort. La femme cédait par degrés la place à la religieuse, et l'abnégation chrétienne comprimait les élans affaiblis de l'amour maternel.

Mais, par moments, elle redevenait mère, ardente, passionnée; elle se jetait à genoux, toute en larmes, et c'était pour son fils qu'elle priait avec ferveur.

Ce fils absent, cet enfant prodigue,

qu'elle appelait depuis tant d'heures,
qu'elle recommandait à toutes les puis-
sances célestés, qu'elle voulait revoir encore une fois avant de retomber dans
l'ombre et le silence éternel du cloître,
où était-il? qu'était-il devenu? vivait-il encore? le reverrait-elle jamais!

Elle priait ainsi, agenouillée, quand un
léger bruit de pas se fit entendre derrière
elle. Son cœur avait deviné la cause de ce
bruit : elle tourna la tête, elle faillit mourir de joie. C'était son fils!

— C'est vous, enfin! lui dit-elle, en se
relevant : d'où venez-vous?

Le prince était pâle et défait ; son trouble et son embarras se trahissaient par sa contenance ; il hésita, il baissa les yeux sous le regard interrogateur de sa mère.

— Répondez-moi ! reprit-elle avec fermeté ; je veux savoir où vous êtes allé cette nuit.

— Je vous supplie, répliqua-t-il, je vous supplie de ne pas me forcer de répondre...

— Hier, je vous ai laissé malade et alité. Je ne vous quittais qu'à regret, pour intercéder le roi en votre faveur... Cette nuit, je suis revenue ici vers une heure du matin : votre appartement était fermé de tous côtés, votre lit était vide...

— Madame! interrompit-il d'un ton résolu, tendre et respectueux à la fois : je vous ai suppliée de ne pas me faire des questions auxquelles je ne pourrais satisfaire...

— Mais, malheureux enfant, s'écria la mère indignée et désolée, tu as donc commis une action coupable! Tu rougis donc d'avouer quelque grande faute ?

— Non, madame, je n'ai pas commis d'action coupable, et, plutôt que d'en com-

mettre une, je prierais Dieu qu'il me re-
tirât aussitôt de ce monde?

— Tu seras allé encore dans quelque
Académie de jeu et de débauche!

— Madame, je vous jure qu'il n'en est
rien et que je suis guéri à toujours de ces
honteux vices.

— Et, pourtant, qu'avez-vous fait hors
du château pendant une nuit entière?

— Je sais le respect que je vous dois,
madame; mais vous ne m'obligerez pas à

mentir ni à rompre un serment que j'ai fait vis-à-vis de moi-même.

— Quel serment ! fils ingrat et rebelle ?

— Celui de ne pas révéler un secret qui ne m'appartient pas.

— Ainsi, vous refusez d'obéir à votre mère ? vous refusez de me dire la vérité ?

— La vérité, madame, vous la connaîtrez un jour ; mais, aujourd'hui, je ne puis que me taire.

La duchesse de La Vallière, étonnée et

irritée de cette invincible obstination, resta indécise un moment; puis, après une prière mentale, accompagnée d'une signe de croix :

— Louis, dit-elle d'une voix émue, Sa Majesté vous pardonne; Sa Majesté va vous rendre vos honneurs et votre avenir; Sa Majesté paie vos dettes de jeu.

— Ce n'est pas le roi, madame, c'est vous, c'est vous seule que je dois remercier !...

— Je vous demande, pour tout remercî-ment, de changer de conduite, d'écouter les conseils salutaires de l'abbé Cor-nouaille, et de vous montrer enfin digne de votre auguste père.

— Digne de vous, madame, digne de la plus sainte des mères...

— Non, Louis, je n'ai plus de fils !... Laissez-moi oublier que j'étais mère!... Je ne suis plus, je ne veux plus être désormais que l'humble et indigne servante de Dieu, Sœur Louise de la Miséricorde.

D'un geste solennel et impératif, elle défendit au comte de Vermandois de s'approcher d'elle et de la suivre.

Elle sortit, en étouffant ses sanglots.

FIN DE LA DEUXIÈME PARTIE.

TROISIÈME PARTIE

I

Le directeur de conscience du prince.

Le comte de Vermandois, malgré toutes ses répugnances, s'était décidé enfin à écrire directement et presque confidentiellement au marquis de Louvois.

Il voulait rassurer mademoiselle de

Chantemerle sur le sort de son père; il voulait être rassuré lui-même à cet égard.

Le lendemain, un courrier, venu de Versailles, à franc étrier, apporta cette réponse :

« Monseigneur,

» Je n'ai pas eu connaissance des lettres d'amnistie et d'abolition, relatives à M. le comte de Chantemerle, lesquelles, à votre dire, auraient été signées par le roi et contre-signées par feu M. Colbert.

» J'ai grandement peur que lesdites

lettres n'aient jamais existé que dans votre généreux désir de les avoir.

» Le roi, en effet, se souvient d'avoir cédé aux sollicitations suprêmes de feu M. Colbert, en signant des lettres d'amnistie pour les gens du Dauphiné, qui s'étaient mis en rébellion ouverte contre son autorité, et cela, sous le vain prétexte de la religion prétendue réformée.

» Mais, dans lesdites lettres, dont l'original ne s'est pas retrouvé, les principaux coupables, et notamment M. le comte de Chantemerle, sont expressément exceptés, tellement que justice est déjà faite pour aucun, et que les autres sont encore

recherchés par le sieur Lebret, qui a des
ordres du roi, qu'il fait et fera très exactement exécuter.

Les susdites lettres d'amnistie ont été
signées à nouveau par le roi, enregistrées
et publiées ; vous les avez pu lire, monseigneur, dans *la Gazette* et dans *le Mercure
galant*, où elles sont rapportées tout au
long, sauf une lacune que devra remplir
la liste des personnes exceptées. En tête
de cette liste, se trouve le nom de M. le
comte de Chantemerle et celui d'un ministre protestant, nommé Jérémie Cornouaille, l'un et l'autre chefs et instiga-
teurs de cette révolte à main armée.

» Je ne me permettrai pas, monseigneur,

de vous demander où vous avez pris l'intérêt particulier que vous portez à M. de
Chantemerle, qui est un hérétique et un
rebelle ; mais je puis vous annoncer que
M. le lieutenant-général de police le fait
chercher à Paris, où il serait caché, dit-
on, après avoir retiré sa fille du couvent
de l'Ave-Maria, dans lequel madame de
La Tour-du-Pin avait fait enfermer cette
demoiselle, avec l'agrément du roi, afin
qu'elle y fût instruite en la religion catholique.

» Cette nouvelle désobéissance de la
part de M. Chantemerle aux volontés de
Sa Majesté, le rend tout à fait indigne de
pardon, et je ne doute pas qu'il ne soit
exécuté à mort, s'il est pris : ce que je re-

gretterai, eu égard à l'amitié, un peu sin-
gulière, que Votre Altesse Royale daigne
manifester pour ce grand criminel.

» Je suis, avec un profond respect,

» De Votre Altesse Royale,

» Le très humble et très obéissant
serviteur,

F.-M. LETELLIER, marquis de LOUVOIS.»

— L'insolent ! s'écria le prince en dé-
chirant la lettre et en la foulant aux
pieds.

Il laissa tomber sa tête sur sa main et resta plongé dans une morne rêverie, pendant laquelle Moufle s'efforçait d'arrêter à la porte du cabinet le sieur de Périgny qui voulait entrer absolument.

— Je vous trouve un peu bien audacieux ! s'écria M. de Périgny, en repoussant le valet de chambre qui lui barrait le passage.

— Je remplis les ordres de Son Altesse Royale, reprit vivement Moufle, et vous n'entrerez pas céans.

— Je ne daignerai pas me commettre

avec gens de votre sorte ! Si vous étiez seulement gentilhomme...

— Une main qui sait se servir d'une épée est toujours celle d'un gentilhomme !

— Voilà de l'insolence, monsieur le premier valet de chambre ! Mais j'en aurai tôt ou tard raison...

— Nous continuerons cet entretien ailleurs ! interrompit Mouflé en lui serrant le bras.

— Eh bien ! que se passe-t-il ? demanda le comte de Vermandois, devant qui le va-

let de chambre se présenta tout pâle et
tout ému, suivi du sieur de Périgny.

— Ne m'avez-vous pas ordonné, monseigneur, de ne laisser entrer personne?

— En ce cas, monseigneur, reprit Périgny avec une humble soumission, je vous
prie d'excuser ma témérité de pénétrer
ainsi jusqu'à Votre Altesse. Mais ce valet
de chambre a de telles façons d'être à mon
égard, que je le soupçonnais de me fermer
la porte de sa pleine autorité...

— Monsieur de Périgny, vous vous
rappellerez, s'il vous plaît, que M. Moufle, mon premier valet de chambre, est

l'homme du monde en qui j'ai le plus de confiance, et vous voudrez bien, pour me plaire, lui accorder quelque estime, d'autant que je lui en accorde beaucoup.

— Il est pourtant intolérable, monseigneur, de le rencontrer sans cesse entre vous et moi !...

— Brisons là, monsieur, et dites-moi vivement ce qui vous amène ?

— Monseigneur! repartit Périgny à voix basse, en désignant d'un coup d'œil Moufle, qui ne semblait pas disposé à s'éloigner : si nous étions seuls, je parlerais...

— Parlez, monsieur ! répliqua le prince
avec impatience. Je n'ai pas de secrets
pour M. Moufle.

— Monseigneur ! balbutia le sieur de
Périgny, hésitant encore à parler devant
l'homme qu'il détestait et qu'il jalousait
le plus. Votre Altesse Royale, ajouta-t-il
d'un accent ému et voilé, permettra-t-elle
que je l'accompagne à l'armée ?

— A l'armée ? répéta le prince, surpris
d'une pareille requête. Je ne vais pas à
l'armée, que je sache ?

— Je croyais, cependant, dit le gentil-

homme, qui s'imagina que le prince voulait garder son secret, je croyais que Votre
Altesse allait partir pour l'armée de Flandre...

— Certes! s'écria le comte de Vermandois en éclatant de rire, on ne me fera
jamais cette joie de m'envoyer à la guerre!
On craindrait trop que je m'y distinguasse!
Mais il n'est pas question de guerre, puisque la France est en paix avec tout le
monde, et que le roi ne songe plus, dit-
on, qu'à bâtir des palais et à planter des
jardins.

— Ainsi, cette lettre, que Votre Altesse
vient de recevoir, ne lui donne pas un

commandement sous les ordres de M. le
maréchal d'Humières ?

— Quelle vision ! mon pauvre Périgny,
je vous assure qu'on ne songe nullement
à faire de moi un capitaine : cela porte-
rait ombrage à certaines personnes. Dail-
leurs, nous n'avons pas, nous n'aurons
pas la guerre, et si nous l'avions. ce n'est
pas moi qu'on chargerait d'y jouer un
rôle...

— Je pensais pourtant bien être informé,
monseigneur !...

— Encore une fois, il n'y a de guerre

nulle part, reprit tristement le comte de Vermandois, et la guerre, vous dis-je, n'éclatera pas tout exprès pour me fournir les moyens de faire acte de prince du sang royal.

— Mais, monseigneur, la guerre est imminente, si elle n'est pas déclarée déjà. L'Espagne se refuse à l'exécution du traité de Nimègue, et, les négociations étant rompues, l'armée du roi doit entrer en Flandre d'un jour à l'autre...

— Plût à Dieu, s'écria le prince avec une ardeur belliqueuse, que le roi m'envoyât faire mes premières armes !... Mais non, ajouta-t-il amèrement, il faudrait

être sûr que j'y fusse tué du premier coup
de canon !

— J'attendrai donc, dit le sieur de Périgny, que Votre Altesse ait reçu sa commission, pour solliciter de nouveau l'honneur
de partir avec elle.

Quand M. de Périgny se fut retiré, le
comte de Vermandois resta quelque temps
livré à ses réflexions, le front appuyé sur
sa main.

Moufle, debout en arrière, le regardait
d'un air d'intérêt et de pitié, sans oser lui
adresser la parole.

— Oui, la guerre! disait le prince en hochant la tête; M. de Louvois ne me prêtera pas une si belle occasion de faire connaître ce que je suis ; le Dauphin ne voudra pas que je me signale par quelque action d'éclat ; la disgrâce du roi me poursuivra jusque-là que je ne paraîtrai jamais dans ses armées... Mieux vaudrait ne pas être fils de France !

Ses regards tombèrent sur les fragments de la lettre de Louvois, qu'il avait déchirée, et cette vue changea le cours de ses idées.

— L'insolent! répéta-t-il; mais, dussé-je aller au roi lui-même, je sauverai M. de

Chantemerle! Oui, quand il me faudrait déclarer hautement que j'aime sa fille!... Moufle!

Et le fidèle valet de chambre, qui était toujours là pour prendre les ordres de son maître, accourut avec empressement et attendit respectueusement que le prince eût parlé.

— Ainsi, tu n'as pas retrouvé ce parchemin? demanda vivement le comte de Vermandois.

— Non, monseigneur, et je puis affirmer que vous ne l'aviez pas sur vous lorsque je vous ai ramené de Paris à Fontainebleau.

— Je l'avais pourtant certainement au sortir de l'hôtel de M. Colbert !

— Je me suis enquis partout de ce parchemin ; je l'ai demandé à tous les gens de Votre Altesse ; je l'ai cherché moi-même dans les habits que vous portiez ce jour-là...

— Quelqu'un l'aura soustrait dans ma poche, ou bien l'objet sera tombé hors de mon pourpoint pendant cette fatale orgie où je n'avais plus conscience de moi-même !

— Qu'on l'ait soustrait, ce n'est point impossible, et M. le chevalier de Lorraine pourrait peut-être vous en donner des nouvelles...

— Le chevalier de Lorraine n'est point ici ?

— Il s'en est allé avec monseigneur le Dauphin, et il ne reviendra sans doute pas à Fontainebleau tant que Votre Altesse y sera.

— Il faut pourtant que je retrouve le décret d'amnistie qui contient la grâce de M. le comte de Chantemerle !

— Si c'est M. le chevalier de Lorraine

qui s'est emparé de cette pièce, il n'a pas l'intention de la rendre.

— Heureusement que M. de Chante-merle n'est point encore arrêté!

— Et j'espère fort qu'il ne le sera point, à moins d'un bien fâcheux hasard.

— Qui te donne lieu d'espérer cela? repartit le prince, étonné de l'air d'assurance avec lequel Moufle avait exprimé cet espoir.

— Ah! monseigneur, espérer une chose, c'est la désirer! répondit le valet de chambre embarrassé.

— Il y avait plus qu'un désir dans ta fa-
çon d'espérer, et j'ai cru que tu allais me
tranquilliser sur le sort de M. de Chantemerle?

— En effet, monseigneur!.. dit Moufle,
qui balançait encore à s'expliquer.

— Eh quoi! tu as découvert le lieu où
est caché M. de Chantemerle, et tu pourrais lui faire tenir une lettre de sa fille, à
laquelle il répondrait lui-même?

— Je n'ose pas m'engager à vous faire
commettre une imprudence, monseigneur...

— Qu'importe une imprudence, pourvu
que Louise ait enfin des nouvelles de son
père et cesse de s'inquiéter, de se désoler,
de se décourager, en disant que M. de
Chantemerle est mort, et que je ne veux
pas en convenir, de peur qu'elle ne meure
aussi de chagrin !

— Votre Altesse ne se représente pas
quelles seraient les suites d'une imprudence ?

— Je ne demande pas à connaître la retraite de M. de Chantemerle ; je serai content si je puis obtenir seulement quelques
mots écrits de sa main, pour les montrer à
Louise.

— Je me fais fort de vous remettre bientôt une lettre de M. le comte de Chantemerle à sa fille.

— Bientôt ?

— Demain.

— Tu vas donc partir aujourd'hui, tout
à l'heure, pour Paris ?

— Je n'ai que faire d'aller à Paris.

— Tu n'iras pas sans doute en Dauphiné?

— J'irai seulement chercher la lettre que demande Votre Altesse.

— Bon! M. de Chantemerle serait-il donc si près de nous?...

— Je vois bien, monseigneur, dit Mou- fle à bout d'hésitation et de réticence, je vois que vous voulez savoir mon secret?...

— Est-il vrai que M. de Chantemerle soit ici? s'écria le prince, qui devint pâle et troublé.

— Ici même, monseigneur.

— À Fontainebleau? dans le château?
Depuis quand?

— Depuis dix jours environ.

— Mais qui l'a conduit ici? objecta le
comte de Vermandois, qui sentait s'accroître ses inquiétudes et ses soupçons.
Qui l'a mis sur les traces de sa fille?

— Il ignore assurément que mademoiselle de Chantemerle demeure dans le
voisinage, et il n'est pas moins en peine
de sa fille que celle-ci ne l'est de son père.
Vraiment le pauvre gentilhomme remer-
ciera le ciel en apprenant que sa fille est
en lieu de sûreté...

— Mais que parles-tu d'imprudence?
Nous n'aurons garde de dire à M. de
Chantemerle en quel endroit sa fille est
cachée.

— Et pareillement vous vous garderez
bien, monseigneur, de dire à mademoiselle de Chantemerle que son père habite
le château, où il n'a rien à craindre de
M. le lieutenant de police ni de ses
exempts.

— A quoi bon le dirais-je?... Je n'en reviens pas de ma surprise : M. de Chantemerle à Fontainebleau!

— Vous serez censé, monseigneur, l'i-

gnorer vis-à-vis de tout le monde, et surtout vis-à-vis de M. l'abbé Cornouaille ;
car c'est un secret, un grand secret, qui
ne m'appartient pas, et que je n'aurais di-
vulgué à nulle autre personne qu'à Votre
Altesse Royale.

— J'en conclus que M. l'abbé Cornouaille est le premier intéressé dans le
secret... Oui, la mémoire me revient à ce
propos, et je m'étonne d'avoir pu oublier
que M. Cornouaille a un frère parmi les
protestants rebelles du Dauphiné ; que ce
frère est ministre de la religion prétendue
réformée...

— En vérité, monseigneur, vous êtes

parfaitement instruit, ou vous devinez à
merveille.

— Il y a, je suis bien forcé de m'en apercevoir, une lacune dans mes souvenirs!
dit le prince, en soupirant avec tristesse.
L'horrible débauche, qu'on m'a fait faire
chez ces infâmes Templiers, a jeté comme
un voile épais sur tout ce qui s'est passé
vers cette époque, et je ne me souvenais
plus même des circonstances de ma visite
à M. Colbert, peu d'heures avant sa mort.

— Sera-t-il un châtiment assez grand
pour les misérables qui ont failli vous ôter
la raison et la vie!

— Les méchants portent avec eux leur châtiment : c'est leur conscience.

— Cependant, monseigneur, je ne pense pas que ce soit eux qu'il faille accuser du détournement des lettres de grâce... Elles se seront égarées en tombant de vos habits...

— Je donnerais un million et davantage à qui me les rapporterait !

— Qui sait? on les retrouvera peut-être, et, si vous me permettez d'aller à Paris, je les chercherai là où elles peuvent être...

— Où donc?

— Dans l'hôtel de la rue des Marais, chez les Templiers.

— Quelle apparence de les retrouver jamais ! Et, d'ailleurs, voilà près d'un mois que le malheur est arrivé...

— Ces lettres, monseigneur, étaient, dites-vous, dans la poche intérieure de votre pourpoint ?

— Oui, je les y avais mises, pliées en quatre, pour qu'elles ne courussent aucun danger de se perdre... Ma mémoire se réveille par degrés... C'est en descendant l'escalier de l'hôtel de M. Colbert, que j'ai ployé le parchemin avec précaution de peur de gâter les sceaux pendants.

— Et moi, monseigneur, je me rappelle tout à coup le moment préfixe où ce parchemin est tombé de votre poche. Vous aviez perdu le sentiment dans l'Académie de jeu des Templiers ; vous gisiez sans mouvement, sans pouls et sans haleine : on a craint que vous ne fussiez déjà mort, et, aussitôt, les joueurs se sont dispersés, vous laissant là, au lieu de vous prêter secours. C'est alors que j'ai pu m'approcher de vous, vous enlever dans mes bras, et vous transporter hors de la salle, dans le jardin. J'étais au désespoir ; vous ne donniez pas signe de vie, et je ne sentais

plus votre cœur battre. Il n'y avait point
un instant à balancer : j'arrachai vos vêtements, plutôt que je ne les ôtai, rompant
les aiguillettes brisant les agrafes, déchi-
rant tout ce qui faisait résistance...

— Sans toi, j'étais bien mort, mon
brave Moufle! dit le prince avec attendrissement, en lui tendant la main, que baisa
humblement le valet de chambre.

— Je ne me souviens que de l'affreuse
angoisse dans laquelle j'étais, ne sachant
si vous viviez encore, monseigneur, et
tremblant de ne pouvoir vous rendre à la
vie... Vos yeux ne se sont pas rouverts,
mais, du moins, vous respiriez faible-

ment... J'étais seul avec vous dans ce jardin, dans cette caverne maudite...

— Et tu m'en as fait sortir, Dieu merci !
Tu m'as porté, toujours évanoui, dans un
carrosse...

— Le carrosse de M. le chevalier de
Lorraine, que je trouvai, par bonheur, à
la porte de la rue... Il m'a fallu menacer
le cocher d'un pistolet que j'avais sur moi,
pour qu'il fît courir ses chevaux, et je le
menaçai de rechef plus d'une fois, pendant
la route, jusqu'à Fontainebleau. Vous
n'aviez pas recouvré l'usage de vos sens
en arrivant, monseigneur...

— Sans doute, puisque je restai plusieurs jours dans le délire de la fièvre... A quel moment penses-tu que le parchemin soit tombé à terre ?

— Lorsque je jetai pêle-mêle, autour de moi, les habits qui couvraient Votre Altesse, pour l'empêcher d'étouffer... C'est là, sans doute, dans le jardin des Templiers, que ce précieux parchemin s'est perdu...

— Si j'en étais plus sûr, je partirais à l'heure même, afin de me mettre à sa recherche !

— Non, monseigneur, vous ne rentrerez pas dans ce coupe-gorge... Voulez-vous me permettre que j'y aille, moi? Je saurai mieux que personne reconnaître la place, et peut-être...

— Vaine espérance! Ce n'est point au bout d'un mois qu'on peut se flatter de retrouver un pareil objet, laissé à la merci des passants!... Il vaut mieux n'y pas songer et aviser autrement... Je serais bien aise de voir M. de Chantemerle, ajouta-t-il d'un air pensif.

— Sous le nom de M. Louis Breton, ou bien avec le titre de prince du sang de France?

— Moufle! répliqua froidement et tristement le comte de Vermandois. Tu me
fais sentir, par cette question, tout ce qu'il
y aurait de pénible et d'amer dans des re-
lations avec M. de Chantemerle!

— Dieu me préserve de manquer au
respect que je dois à Votre Altesse! J'ai
voulu dire seulement, monseigneur, que
M. de Chantemerle ne doit pas soupçonner
que sa fille...

— Quel danger, quel inconvénient
verrais-tu, interrompit le prince, à lui annoncer que sa fille n'est plus recluse au
couvent de l'Ave-Maria, et que j'ai eu le

bonheur d'aider à la délivrance de cette jeune personne... Conseille-moi !

— Monseigneur, le prince du sang ferait beaucoup de tort à M. Louis Breton.

— Tu es plus sage que moi, mon cher Moufle, parce que tu n'es pas amoureux.

— Si la destinée avait voulu que vous fussiez M. Louis Breton, au lieu d'être M. le comte de Vermandois...

— Eh bien ! que me faudrait-il faire ?

— Mademoiselle de Chantemerle est fort

belle, de bonne maison et de grand caractère...

— Est-ce à dire que, dans ce cas, j'aurais tort d'hésiter à la prendre pour
femme? Dieu m'est témoin aussi que je
n'hésiterais pas!...

— Votre Altesse se rappellera donc
qu'elle est fille d'un noble gentilhomme, et
que vous, monseigneur, vous êtes fils du
roi!...

L'honnête et fidèle Moufle s'était dé-
parti, cette fois, de sa discrétion et de sa
réserve ordinaires, pour faire entendre,

au prince qui l'y autorisait, un avis indi-
rect, conforme à l'honneur, à la raison,
au devoir.

Cet avis était trop juste, trop sensé et
trop délicat, pour que le comte de Vermandois ne le reçût pas avec une sorte de
déférence, mais aussi avec tristesse.

On gratta doucement à la porte, et un
page de la maison du prince, soulevant la
portière, annonça que l'abbé Cornouaille
demandait à être introduit auprès de Son
Altesse.

— L'abbé Cornouaille! murmura le
prince, surpris de cette visite inatten-
due.

Il interrogea du regard son valet de chambre, qui ne paraissait pas moins étonné que lui-même, et qui n'avait pourtant aucune explication à lui donner au sujet de l'audience que son directeur de conscience lui faisait demander à l'improviste.

— Je profiterai de ton conseil, dit le comte de Vermandois en congédiant Moufle. Le romanesque Louis Breton doit s'effacer et disparaître pour faire place au fils de Louis-le-Grand.

Le prince fit signe qu'il était prêt à recevoir l'abbé Cornouaille, et le valet de chambre s'étant discrètement retiré, le vicaire de Saint-Eustache entra dans le cabinet, dont la porte se referma derrière lui.

Il était seul avec le comte de Vermandois, qui l'avait salué avec un air d'aménité pleine de noblesse, en allant à sa rencontre.

— Je suis aise de vous voir, monsieur l'abbé, lui dit-il gracieusement : il y a plusieurs jours que vous ne m'aviez honoré de votre bonne visite.

— L'honneur est pour moi, monseigneur ! répondit froidement l'abbé, qui

semblait préoccupé et soucieux. Mais j'é-
vite de vous causer la moindre gêne !...

— Vous savez pourtant, monsieur, reprit le jeune homme en devenant froid
et réservé à son tour, que je vous reçois
toujours avec plaisir; vous savez que j'ai
pour vous une estime toute particulière,
et je suis fort satisfait qu'on vous ait
choisi pour remplacer le vénérable abbé
Gofas...

— J'aurais souhaité pouvoir me rendre
digne de ce choix, monseigneur !...

— Quel autre plus digne que vous, monsieur ? Votre éloge était venu jusqu'à moi, de différents côtés, quand il m'a été donné de vous juger et de vous apprécier par moi-même ; j'avais ouï vanter votre savoir et votre éloquence, votre charité et votre vie édifiante...

— Vous me couvrez de confusion ! interrompit le prêtre, en rougissant de ces louanges que sa modestie l'empêchait de s'accorder lui-même : la vérité est que je valais peu de chose et que je vaux moins maintenant.

— Que voulez-vous dire par là ? repartit le prince étonné et presque blessé.

— Je veux dire, monseigneur, que je

vous demande la permission de quitter une charge trop lourde pour mes forces, et de remettre à quelque autre la direction de votre conscience.

— Il n'y a pas vingt jours que vous avez été agréé par ma mère et nommé par le roi !

— Je vous prie de croire, monseigneur, que ma détermination n'a rien qui vous soit personnel...

— Mais enfin, monsieur, il faut un motif, un motif réel, un motif grave et honorable ?

— Un motif !... Je n'en ai pas d'autre que

le désir de vivre hors du siècle et loin du monde.

— Est-ce donc une vocation subite pour entrer dans un couvent?

— Non, monseigneur; j'éprouve, sans doute, un singulier besoin de retraite et de solitude, mais je ne me sens point assez touché de la grâce divine, pour prononcer des vœux monastiques.

— D'où vous vient tout à coup ce besoin de retraite et de solitude?

— C'est qu'il s'est fait subitement un

grand trouble dans mes idées, dans mes
projets!...

— Et pourquoi ce trouble? Qui l'a fait
naître? Je n'en suis pas la cause... indi-
recte...

— Je répéterai ce que j'ai dit tout à
l'heure à Votre Altesse : je la supplie de
se regarder comme bien étrangère à la
détermination que j'ai prise de me retirer.

— Vous avez vos secrets, monsieur, et
je n'ai pas le droit d'y pénétrer!

— J'insisterai seulement sur ce point,

monseigneur, que j'aurais été heureux de me consacrer au service de Votre Altesse et de coopérer à son éducation religieuse.

— Je comprends, dit le prince, en souriant avec bonté : vous n'êtes pas trop content de votre élève, monsieur l'abbé Cornouaille ?

— Votre Altesse ne m'a jamais donné le moindre sujet de mécontentement.

— Dites la chose telle qu'elle est : je ne suis pas un pénitent très facile à conduire...

— Monseigneur, je ne dirai pas cela !

— Dites-le, sans vous gêner, puisque je reconnais le fait et m'en accuse.

— Le fils d'une mère aussi pieuse que la vôtre, monseigneur, ne saurait manquer de religion, mais la piété d'un prince ne doit pas non plus être celle d'un saint, et je vous pardonne, jeune et ardent comme vous êtes, de négliger quelquefois vos devoirs de chrétien...

— Je vous remercie de cette indulgence, mais je n'en abuserai pas, croyez-le bien... Dès que vous prononcez le nom de ma sainte et vénérée mère, c'est un noble exemple que vous me proposez, c'est un bon conseil que m'adressez : je profiterai du conseil, je suivrai l'exemple.

— Voulez-vous, monseigneur, en parlant avec tant de raison et de sagesse,
ajouter au regret que j'éprouve d'être forcé
de me séparer de vous ?

— Qui vous y force, encore une fois,
mon père ?

— Hélas ! monseigneur, ne m'interrogez
pas !... Mais j'oubliais le principal objet
de cette visite... C'est une lettre que je
dois vous remettre en mains propres,
monseigneur.

Il tira cette lettre de dessous son scapu-
laire et la présenta au prince, qui tres-

saillit en reconnaissant l'écriture de sa mère.

Le comte de Vermandois ne se pressa pas toutefois de rompre le cachet qu'il examinait avec une émotion croissante.

Ce cachet, dernier souvenir matériel que Sœur de la Miséricorde eût emporté des vanités mondaines dans le couvent des Carmélites, portait les armes de France accolées à celles de La Vallière.

— Je vous laisse tout entier à la lecture de cette lettre, monseigneur, dit l'abbé Cornouaille.

— J'ai besoin, en effet, d'être seul quelques moments. Cette lettre, dont j'ignore encore le contenu, l'intention que vous m'avez manifestée de ne pas rester davantage attaché à ma personne, le trouble extraordinaire dans lequel vous vous dites jeté subitement, votre air d'anxiété et de tristesse, tout concourt à me causer de l'inquiétude...

— Je vous assure de nouveau, monseigneur, que Votre Altesse n'est point intéressée dans la circonstance qui me fait partir...

— Partir? Vous partez donc?... Vous ne partirez pas du moins, avant de m'avoir revu...

— Je comptais partir ce soir ou cette nuit...

—Mais pourquoi ce départ, vous dis-je? Où devez-vous aller ainsi ?

— Votre Altesse ne m'obligera pas à refuser de lui répondre, sinon à mentir !

— Monsieur l'abbé, s'écria le comte de Vermandois, en le regardant fixement, ma mère serait-elle malade ?

— Non, Dieu soit loué, monseigneur, car j'ai reçu d'elle une lettre qui renfermait celle que je vous remets, et dans cette lettre, elle se plaint de ce que sa santé reste florissante, en dépit des austérités inouïes et des macérations qu'elle s'impose. « Il semble, dit-elle, que Dieu veuille me donner tout le temps qu'il faut pour achever ma pénitence ici-bas. »

— Certes, mon père, je n'ai pas le droit de vous retenir un jour ni une heure de plus dans une charge que vous avez acceptée par pur dévoûment; mais je vous conjure de ne pas partir encore... J'aurai affaire bientôt de vos bons avis et de vos consolations peut-être.

— Il importe que je parte, monseigneur! Ah! si vous saviez dans quel intérêt, vous seriez le premier à m'y encourager.

— Ne craignez-vous pas, monsieur, que
votre brusque départ ne soit comme un
reproche éclatant à mon endroit? Ne
dira-t-on pas que vous avez renoncé à
corriger mes mauvaises passions et à tenir
tête à leur révolte ?

— Ah ! monseigneur, je serais au désespoir d'être la cause involontaire d'une
semblable calomnie !

— On le dira cependant, on le croira
peut-être, et le roi en prendra un nouveau
ressentiment contre moi.

— Pour empêcher cette injustice, je ferai tout ce qu'il faudra, monseigneur ; je

prétexterai un voyage, un accident, une maladie...

— Vous ferez mieux encore, vous ne partirez pas, monsieur !

— Je vous ai dit, monseigneur, qu'il s'agissait de l'intérêt du prochain, de la vie de mon frère...

— Je respecte alors votre résolution, et ne ferai rien pour y mettre obstacle ; bien au contraire, comptez sur moi, comptez sur mon empressement à vous servir en toute chose... Votre frère... Vous avez un frère ?

—Il est mon aîné, et je lui dois presque le respect qu'un fils doit à son père.

— Oh! si j'avais un frère, moi! s'écria le comte de Vermandois, en pensant au Dauphin... Vous partirez donc, puisqu'il le faut; vous partirez, mais vous reviendrez, n'est-ce pas?

—N'insistez pas pour que je revienne, monseigneur, une fois que je serai parti!

—Où irez-vous ainsi? Je veux savoir où vous irez!... Car vous ne partez pas seul?

— Je pars avec mon frère! répondit l'abbé Cornouaille, qui ne se sentait plus capable de garder son secret.

— Ce n'est pas curiosité ni indiscrétion, quand je vous interroge, mon père... Et si je vous demandais de partir avec vous ?

— Avec moi! avec nous! monseigneur, vous ne savez pas!... vous ne soupçonnez pas!...

— Je sais tout, justement, monsieur l'abbé!... C'est vous qui ne savez pas que j'ai juré de sauver M. le comte de Chante-merle !

— Le comte de Chantemerle ! répéta
l'abbé interdit. Vous avez eu en vos mains
sa grâce signée par le roi...

— N'étiez-vous pas présent, en effet,
quand M. Colbert, près de mourir, m'a remis ces lettres de grâce ?

— Hélas! ce sont ces lettres de grâce
qui ont fait quelque temps mon espoir et
ma sécurité... Mais que sont-elles deve-
nues ?

— J'ai honte de l'avouer, elles ont disparu depuis ce jour-là même, soit que je
les aie égarées, soit que quelqu'un me les
ait soustraites à dessein...

— Ainsi, monseigneur, dit l'abbé Cornouaille avec un air de doute et de défiance, vous n'espérez pas qu'elles se retrouveront?

— Hélas ! je donnerais pour les avoir la moitié de mon apanage de prince du sang !

— Oserai-je vous demander, monseigneur, d'où vient le grand intérêt que vous inspire M. de Chantemerle ?

— Oh ! reprit le prince, qui ne s'attendait pas à cette question : je n'ai pas d'autre intérêt que celui qu'on porte à un gentilhomme malheureux et persécuté.

— Et vous ne connaissez pas même le comte de Chantemerle ?

— Je le connais... seulement par le bien qu'on m'a dit de lui, et c'en est assez pour que je m'intéresse à sa personne... Il n'est pas besoin, comme je l'ai dit à M. Colbert, qui m'adressait la même objection, il n'est pas besoin de connaître les gens pour leur rendre des services.

— C'est étrange! répliqua l'ecclésiastique, se parlant à lui-même.

— Non, ce n'est pas étrange, monsieur, repartit le prince avec noblesse. Il y a dans nos cœurs, dans les cœurs bien nés, une sympathie instinctive pour toute infortune qui n'est pas méritée..... Dieu m'est témoin que je ferai tout au monde, pour que M. de Chantemerle s'en retourne sain et sauf dans sa terre en Dauphiné !

— En ce cas, monseigneur, vous devez vous hâter ; car vous n'ignorez pas que son arrêt est prononcé sans appel.

— Qu'importe ! puisque M. de Chantemerle est en lieu de sûreté ?

— Le sieur Lebret, conseiller du roi et commissaire de Sa Majesté en Dauphiné, a jugé et condamné par contumace les absents, et il a requis particulièrement la peine de mort contre M. de Chantemerle, avec confiscation de tous ses biens au profit du roi.

— Monsieur l'abbé, il faut que je voie M. de Chantemerle tout à l'heure...

— Monseigneur! s'écria le prêtre, étourdi par cette brusque et pressante sollicitation. Je ne sais... Je ne puis...

— Allez de ce pas, je vous prie, lui annoncer ma venue. Je vais dans peu d'instants, me rendre seul à votre appartement.

L'abbé Cornouaille n'essaya pas de balbutier quelques excuses évasives : il ne pouvait douter que le prince ne fût très exactement renseigné à l'égard du comte de Chantemerle.

Il s'inclina donc en silence, l'air troublé, la rougeur au visage, et il sortit en levant les yeux au ciel.

FIN DU TROISIÈME VOLUME.

TABLE

Des chapitres du troisième volume.

—

DEUXIÈME PARTIE.

(SUITE)

TROISIÈME PARTIE.

Fin de la table du troisième volume.

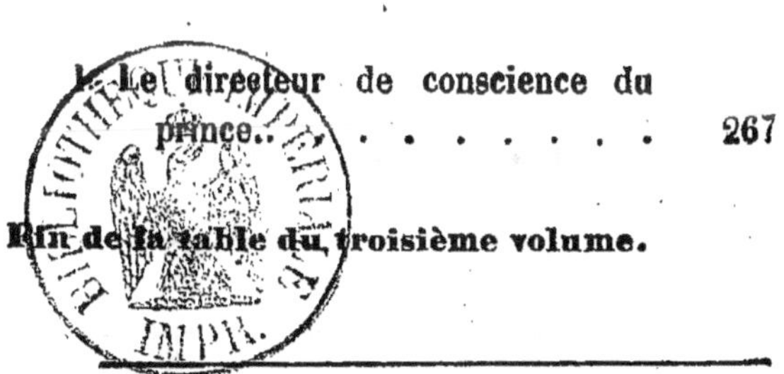

Fontainebleau. — Imp. de E. JACQUIN.

MADAME DE MONFLANQUIN

Par **Paul de Kock**. — 5 vol. (complet).

UN ZOUAVE

Par **Charles Deslys**. — 5 vol. (complet).

L'IDIOT

Par **Xavier de Montépin**. — 5 vol. (complet).

LES ŒUFS DE PAQUES

Par **Roger de Beauvoir**. — 2 vol. (complet).

LES HOMMES DES BOIS

Par le **marquis de Fondras**. — 2 vol. (complet).

L'EAU ET LE FEU

Par **G. de la Landelle**. — 2 vol. (complet).

LA PÉNÉLOPE NORMANDE

Par **Alphonse Karr**. — 2 vol. (complet).

Un Amour de Vieillard

Par le **marquis de Foudras**. — 3 vol. (complet).

LA FAMILLE JOUFFROY

Par **Eugène Sue**. — 7 vol. (complet).

SŒUR SUZANNE

Par **Xavier de Montépin**. — 4 vol. (complet).

Fontainebleau. — Imp. de E. Jacquin.